der förderratgeber

Impressum

der förderratgeber

Dritte Auflage
Aktualisiert und erweitert 2014

Gom Fundraising
Copyright © by Förderratgeber
Wichertstraße 14 A
10439 Berlin

Tel: +49 (0)30 – 85400861
Fax: +49 (0)30 – 85400863
E-Mail: info@foerderratgeber.de
Web: www.foerderratgeber.de

Corporate Design: Tine Ehrlich
Layout und Satz: www.tine-ehrlich.de
Titelbild: © VERSUSstudio
Druck: LASERLINE Druckzentrum

Gerhard Schwab
Sabine Schwab

der förderratgeber

GOM Fundraising
c/o förderratgeber.de

© Tabea Marten/www.fotografa.de

Die Förderratgeber

Sabine Schwab, Gerhard Schwab

Liebe Leserin, lieber Leser,

als wir vor mehr als zehn Jahren unseren gemeinnützigen Verein der Kultur- und Jugendarbeit gründeten und frohen Mutes in die Projektarbeit einstiegen, fanden wir uns in einem verwirrendem Förderdschungel wieder.

Wir hatten erst einmal große Mühe, diese vielen Regeln und Strukturen zu verstehen. In den ersten Jahren sind uns viele Fehler passiert, wir haben auch oft Rückschläge erlitten. Mit viel Energie und Enthusiasmus sind wir einen eher steinigen Weg in die erfolgreiche internationale Projektarbeit gegangen.
Wir wären damals froh gewesen, wenn wir Orientierung und Hilfe bekommen hätten. Heute befinden wir uns in der glücklichen Lage, unsere Erfahrungen weitergeben zu können. Das ist einer der Hauptgründe, warum wir den „Förderratgeber" geschrieben haben. Wir bieten Ihnen umfangreiche Informationen nicht nur zu einer Vielzahl von verschiedenen Fördermöglichkeiten, sondern vor allem auch zum WIE, das heißt zur Art und Weise der Antragstellung.

Zur praktischen Anwendung führen wir öffentliche Fortbildungen und Inhouse-Seminare durch wie z.B. „WIE und WO beantragen wir Geld für Projekte? Das 1x1 der Antragstellung". Einen detaillierten ersten Überblick geben unsere Vorträge und Webinare wie z.B. „Wie ticken Stiftungen?" oder „Keine Angst vor Anträgen auf Fördermittel".
Aktuelle Angebote der Veranstaltungen und weitere Informationen finden Sie auf der Homepage: www.foerderratgeber.de

Wenn Sie regelmäßig und kostenlos von uns über aktuelle Ausschreibungen, Wettbewerbe und weitere Fördermöglichkeiten informiert werden wollen, so können Sie über unsere Homepage den Newsletter abonnieren.

Wir danken allen Autoren, die sich bis heute schon mit diesem umfangreichen Thema in den verschiedenen Kategorien auseinandergesetzt und uns eine Fülle von Anregungen gegeben haben. Besonders bedanken möchten wir uns auch in der dritten Auflage des Förderratgebers bei Helmut Schwab für seine engagierte Unterstützung.

Inhaltsverzeichnis

→ *Einleitung* **10**

→ *Von der Idee zum Projekt* 12

Die Idee 12

Konzeptentwicklung / Projektplan 14

→ *Der Antrag* **20**

Anschreiben 22

Angaben zum Antragsteller 22

Kurzvorstellung des Projektes 23

Detaillierte Projektbeschreibung 24

Zielgruppe 25

Zeitplan 25

Kosten- und Finanzierungsplan 26

Ausblick 26

Evaluation 26

→ *Der Kosten- und Finanzierungsplan* **34**

Kostenplan 36

Finanzierungsplan 37

→ *Durchführung* **41**

→ *Abrechnung* **43**

→ *Berichte* **46**

→ *Grundregeln bei Förderung* **48**

→ *Fehler und Stolpersteine* **49**

→ *Stiftungen in der Bundesrepublik Deutschland* **52**

Wie fördern Stiftungen? 53

Grundregeln der Stiftungsförderung 54

Schwerpunkte der Stiftungsförderung 55

→ *Stiftungen – eine kleine Auswahl* **57**

Aktion Mensch 57

Allianz Kulturstiftung 60

Allianz-Umweltstiftung 62

Amadeu-Antonio-Stiftung 64

Andreas –Mohn-Stiftung 66

Audi Stiftung für Umwelt GmbH 67
Auerbach Stiftung 68
Bewegungsstiftung 69
BHF-Bank-Stiftung 70
Bundesliga – Stiftung 71
Checkpoint-Charlie-Stiftung 72
Stiftung Deutsches Hilfswerk 74
Dirk Nowitzki Stiftung 75
Hans-Sauer-Stiftung 76
Henry-Maske-Stiftung 77
HIT Umwelt- und Naturschutz Stiftungs-GmbH 78
Golart-Stiftung 78
Hypo – Kulturstiftung 79
Liz Mohn Kultur- und Musikstiftung 80
Mahle Stiftung GmbH 82
Robert Bosch Stiftung GmbH 83
Software AG-Stiftung 84
Stiftung Deutsches Hilfswerk 85
Stiftung Nord-Süd-Brücken 86
Veolia Stiftung 87
Wacken Foundation 88

→ ***Förderstruktur*** ***90***

→ ***Förderprogramme der Länder*** ***91***

→ ***Auswahl relevanter Länderprogramme*** ***92***

Arbeit Inklusiv 92
Beschäftigung von Innovationsassistenten 94
Beratungsprogramm Wirtschaft NRW (BPW) 95
Berufsausbildungsförderung 97
Förderung von Beratungen bei kleinen und mittleren Unternehmen 100
Ausbildung Inklusiv 102
Förderung der Erziehungsberatungsstellen 103
Rahmenprogramm Integrierte Stadtteilentwicklung 105
Förderung der Weiterbildungsgrundversorgung an Volkshochschulen 107
Ausbau von Hochgeschwindigkeits-Breitbandnetzen 108

Förderung forstwirtschaftlicher Maßnahmen 110

➔ ***Förderprogramme des Bundes*** ***113***

EXIST-Forschungstransfer 113

Unternehmensfinanzierung Investitionszuschuss Wagniskapital 116

Allgemeine Projektförderung der Kulturstiftung des Bundes 118

Bundesausbildungsförderungsgesetz (BAföG) 119

Filmförderung 121

Förderprogramm Entwicklungspolitische Bildung (FEB) 123

Initiative Inklusion 125

Initiative Musik – Künstlerförderung 127

KMU-innovativ: Gesundheitsforschung – Medizintechnik 128

Politische Bildung (BpB) 131

➔ ***Europäische Förderprogramme 2014 - 2020*** ***133***

Aktionsprogramm im Bereich der Gesundheit (2014–2020) 133

COSME 135

Erasmus+ 137

Europäische territoriale Zusammenarbeit (ETZ) 142

Europäischer Fonds für regionale Entwicklung (EFRE) 143

Europa für Bürgerinnen und Bürger 146

Europäischer Landwirtschaftsfonds für die Entwicklung 148

Europäischer Sozialfonds (ESF) 151

Europäisches Nachbarschafts- und Partnerschaftsinstrument (ENPI) 154

Finanzierungsinstrument für die Entwicklungszusammenarbeit 156

Finanzierungsinstrument für weltweite Demokratie und Menschenrechte 158

Horizont 2020 – Rahmenprogramm für Forschung und Innovation 160

Kreatives Europa 164

LIFE – Programm für die Umwelt und Klimapolitik 169

Programm der Europäischen Union für Beschäftigung 171

Rechte, Gleichstellung und Unionsbürgerschaft 175

➔ ***Wettbewerbe, Kulturpreise*** ***178***

➔ ***Fundraising*** ***179***

Anlassspende 179

Aufwandsspende 180

Direct Mail 180

Fördertöpfe 180
Kollekte 180
Matching Funds 180
Mitgliedsbeiträge 180
Stand- und Straßenwerbung 180
Tombola 181
Versteigerungen 181
charity shopping 181
Großspendenfundraising 181
Erbschaftsfundraising 182
Crowdfunding 182
→ ***Spende*** ***184***
→ ***Sponsoring*** ***189***
→ ***Bußgelder*** ***194***
→ ***Darlehen, Kredite, Beteiligungen*** ***196***
→ ***Die eigene Datenbank*** ***200***
→ ***Nachbarländer*** ***202***
Österreich 202
Schweiz 203
Polen 204
→ ***Adressen*** ***206***
→ ***Links*** ***213***
→ ***Stimmen aus der Praxis und Feedbacks*** ***217***

Einleitung

Mit dieser dritten Auflage des Förderratgebers sollen die Leser die Möglichkeit haben, einen noch besseren Einblick in Fördermöglichkeiten und das 1x1 der Antragstellung zu erhalten. Wir begleiten Sie von der Projektidee über die Konzeptentwicklung bis hin zur Erstellung eines Antrages inklusive Zeit- und Finanzierungsplan. Bei öffentlichen Mitteln bedarf es immer unterschiedlicher Berichte und Verwendungsnachweise, die wir hier ausführlich erklären werden.
Weiterhin gibt der Förderratgeber einen Überblick über die wichtigsten Grundregeln, die es bei Förderung zu beachten gilt, und zeigt, welche Fehler unserer Erfahrung nach dabei immer wieder auftauchen.

Um Fördermittel in Anspruch nehmen zu können, muss man wissen, **WIE** und **WO** man diese beantragen kann. Europa, Bund, Länder und Gemeinden stellen den weitaus größten Finanzierungsanteil für Kultur und Bildung, Wissenschaft und Forschung, Kinder und Jugend. Im Vergleich dazu ist der private Anteil an der Gesamtfinanzierung eher gering, nimmt aber seit mehreren Jahren ständig zu.

Der Förderratgeber gibt Ihnen eine umfangreiche Übersicht über verschiedene Programme der EU, des Bundes und der Länder. Zudem werden weitere Finanzierungsmöglichkeiten wie zum Beispiel die Antragstellung bei Stiftungen, der Einsatz des Sponsorings oder die Nutzung des Bußgeldmarketings vorgestellt.

Ergänzend bietet Ihnen der Ratgeber auch eine umfangreiche Linksammlung zu diesen Themen zur systematischen Nutzung des Internets.
Dieser Förderratgeber richtet sich an Vereine, Verbände, Organisationen, Kommunen, Schulen, Kinder- und Jugendeinrichtungen, Initiativen, Kleine und Mittlere Unternehmen sowie auch an Existenzgründer.
Unser Förderratgeber enthält Links zu Webseiten Dritter, auf die wir keinen Einfluss haben und für deren Inhalte wir keine Gewähr übernehmen können. Für die Inhalte der verlinkten Seiten ist stets der jeweilige Betreiber der Seiten verantwortlich. Bitte informieren Sie uns, wenn Links sich nicht mehr öffnen lassen oder Ihnen auf den verlinkten Seiten rechtswidrige Inhalte auffallen. Bei Druckschluss im Juli 2014 funktionierten alle angegebenen Links fehlerfrei.

Wir sind um Richtigkeit und Aktualität der auf dieser Internetpräsenz bereitgestellten Informationen bemüht. Trotzdem können Fehler und Unklarheiten nicht vollständig ausgeschlossen werden. Wir übernehmen deshalb keine Gewähr für die Aktualität, Richtigkeit, Vollständigkeit oder Qualität der bereitgestellten Informationen. Für Schäden materieller oder immaterieller Art, die durch die Nutzung oder Nichtnutzung der dargebotenen Informationen bzw. durch die Nutzung fehlerhafter und unvollständiger Informationen unmittelbar oder mittelbar verursacht werden, haften wir nicht.

Wir sind bestrebt, den Förderratgeber regelmäßig in einer aktualisierten Auflage erscheinen zu lassen.

Neben diesem Förderratgeber bieten die Herausgeber auch Fachseminare zum Thema an, um die hier erworbenen Kenntnisse und Fähigkeiten unter professioneller Anleitung praktisch anwenden zu können. Aktuelle Informationen erhalten Sie auf der Website der Förderratgeber unter

www.foerderratgeber.de

Wir bitten um Verständnis dafür, dass wir zur besseren Lesbarkeit des Textes auf die geschlechtsspezifische Unterscheidung der Formulierungen verzichten. Die entsprechenden Begriffe beziehen sich im Sinne des Gleichbehandlungsgrundsatzes auf beide Geschlechter.
Jetzt wünschen wir Ihnen viel Spaß beim Studium des Textes und freuen uns, wenn Sie das hier erworbene Wissen erfolgreich umsetzen und anwenden können.

Von der Idee zum Projekt

Die Idee

Wie wir bei unseren Beratungen und Seminaren ständig erfahren können, sind Sie alle randvoll gefüllt mit Ideen für Projekte. Damit ist die wichtigste Voraussetzung schon erfüllt.
Es gibt verschiedene Arten von Ideen. Die einen kommen einem zufällig in den Sinn, die anderen werden gezielt erarbeitet in verschiedenen Foren und Arbeitskreisen. Manchmal hat man auch einem Problem vor Ort zu kämpfen und hat eine Idee, wie sich das lösen lässt. Oder man sieht Menschen in seiner Umgebung, denen etwas fehlt oder für die man etwas verbessern möchte. In allen Fällen kann es sich um geniale Ideen genauso wie um Flops handeln. Nicht jede spontane oder erarbeitete Idee ist es wert, auch umgesetzt und verwirklicht zu werden. Deshalb ist es wichtig, diese Grundidee erst einmal ruhen zu lassen. Schlafen Sie - wie sagt man so schön - erst einmal eine Nacht darüber. Wenn Ihre Idee Ihnen am nächsten Tag immer noch „genial" erscheint, dann sollten Sie sich intensiver damit beschäftigen und sie von verschiedenen Seiten betrachten. Besprechen Sie sie erst einmal mit Ihnen vertrauten Personen. Vorsicht: Ideenklau ist leider keine Seltenheit.

Bitte gehen Sie nicht gleich an die Öffentlichkeit und informieren Sie nicht jeden gleich über die gewohnten sozialen Netzwerke im Internet von Ihrer Idee. Die Öffentlichkeitsarbeit kommt noch früh genug auf Sie zu.
Setzen Sie sich erst einmal persönlich oder im kleinen Kreis intensiv mit Ihrer Idee auseinander und beginnen Sie, sie etwas mehr zu hinterfragen.

Sie können bereits jetzt in der Ideenphase anfangen, die Förderwürdigkeit Ihrer Idee zu prüfen. Das geht relativ leicht, indem Sie sich z.B. fragen, ob es für die Verwirklichung dieses Projektes konkrete Interessenten gibt im Sinne von Teilnehmern, Unterstützern, Helfern oder Partnern. Lässt sich in dem Projekt ein eine gesellschaftliche Bedeutung oder ein wirtschaftlicher Nutzen erkennen? Was können Sie mit Ihrem Projekt bewirken oder verändern?

Ganz wichtig ist es, sich bereits in dieser Phase auch die Frage zu stellen: Ist dieses Vorhaben von Ihnen oder Ihrer Einrichtung überhaupt realisierbar, die fehlenden wirtschaftlichen Mittel dabei mal außen vorgelassen. Alle denken aber sofort ans fehlende Geld. Zu bedenken sind aber auch die Fragen nach den zeitlichen und arbeitsorganisatorischen Ressourcen und diese Aufwendungen werden im Vorfeld oft übersehen. Listen Sie auf, wer sich an der Umsetzung Ihrer Idee beteiligen kann. Projekte machen Arbeit und gemeinsam geht es leichter. Sie dürfen bei Ihrer Planung für das Projekt auch nicht die Erledigung Ihrer alltäglichen Arbeit vergessen. Natürlich gibt es für verschiedene Aufgaben die Möglichkeit externer Unterstützung, die aber weitere wirtschaftliche Mittel benötigt und auch einer gewissen Einarbeitungszeit bedarf.

Für den Anfang sollten Sie also genug Zeit zur Verfügung haben, um die sogenannte Startphase zu überstehen. Denken Sie dabei daran, Sie können viel leisten, aber nicht alles!
Sollten Sie jetzt schon finanzielle Mittel benötigen, so können Sie diese in der Regel nicht durch künftig beantragte Projektfördermittel zurückzahlen.

Wenn Sie sich diesen ersten Fragen gestellt und sie realistisch beantwortet haben und Sie immer noch vom Erfolg Ihrer Idee überzeugt sind, dann können Sie den nächsten Schritt gehen.

Konzeptentwicklung/Projektplan

Grundvoraussetzung für eine erfolgreiche Zusammenarbeit mit Fördergebern ist die intensive eigene Vorbereitung in Form einer klaren Definition und Dokumentation eines Vorhabens.
Dazu gehören Zeitrahmen und Finanzierungspläne ebenso wie Personalaufwand und Machbarkeitsbelege.

Hierzu noch zur weiteren Verständigung des Begriffes „Projekt" die Definition nach DIN 69901:
Ein Projekt ist ein Vorhaben, das im Wesentlichen durch die Einmaligkeit der Bedingungen in ihrer Gesamtheit gekennzeichnet ist, wie z.B.:

- ➔ *Zielvorgabe,*
- ➔ *zeitliche, finanzielle, personelle oder andere Begrenzungen,*
- ➔ *Abgrenzung gegenüber anderen Vorhaben und*
- ➔ *projektspezifische Organisationen.*

Voraussetzung für den Start eines Projektes ist die Erarbeitung eines Konzeptes. Sammeln Sie zuerst Fakten und versuchen Sie, diese zu gliedern und in Beziehung zueinander zu setzen mit dem Ziel, das Projekt für alle Beteiligten transparent abzubilden.

Bei der Konzeptentwicklung sind Offenheit und Ehrlichkeit von großer Bedeutung. Bauen Sie keine Luftschlösser, die bei dem ersten Windstoß einstürzen. Planen Sie betriebswirtschaftlich bis ins Detail, umso einfacher wird dann die Umsetzung sein.

Wenn Sie alleine ein Konzept entwickeln, präsentieren Sie dies vor Antragsstellung anderen Personen. Vielleicht versuchen Sie einmal, in zwei Minuten das Projekt einer fremden Person zu erklären und idealerweise dafür zu begeistern. Versteht diese Person das Projekt nicht, sollten Sie etwas ändern, zumindest in der Art Ihrer Darstellung. Ein Projekt ist nur erfolgreich in der Antragstellung, wenn es leicht verständlich informieren und begeistern kann. Es sollte klar, überschaubar und überprüfbar gestaltet sein.

Wenn Sie im Team ein Projekt entwickeln, dann sollte das zu bearbeitende Thema auch in diesem Team strukturiert werden. Beziehen Sie dabei alle Mitglieder, Teilnehmer, Projektpartner mit ein und erfassen deren Meinung. Protokollieren Sie schon zu Beginn alle Ihre Ergebnisse und bewahren diese im Rahmen der Projektdokumentation auf.

Projekte beginnen meist mit einem vorläufigen Arbeitstitel, der sich dann in der Entwicklungsphase noch ändern kann.

Um besser die Übersicht zu bewahren und schnell zu konkreten Ergebnissen zu kommen, raten wir Ihnen, bei der Konzeptentwicklung mit den sogenannten W-Fragen zu arbeiten.

Wer	*hat ein Problem?* *ist von diesem Thema betroffen?*
Was	*wird benötigt?* *muss geklärt werden?* *wollen wir erreichen?*
Wo	*gibt es das Problem?*
Wodurch	*ist es entstanden?*
Wie	*kann das Problem gelöst werden?* *kann das Thema bearbeitet werden?*
Wann	*tritt das Problem auf?* *ist das Thema aktuell?*
Welche	*Mittel benötigen wir?* *Ressourcen haben wir?*

Je detaillierter die unterschiedlichen Fakten und Sichtweisen erarbeitet und dokumentiert werden, desto schneller ist eine Einigung möglich und desto weniger Missverständnisse gibt es später.

Gehen Sie nun an Ihre Zielsetzung. Was wollen Sie mit diesem Projekt erreichen?

In der Teamerarbeitung sollten Ihre Ziele:

- ➔ *so konkret wie möglich beschrieben werden,*
- ➔ *nachvollziehbar und vorstellbar für alle Beteiligten sein,*
- ➔ *überprüfbar durch die Beteiligten und durch Evaluation von außen sein,*
- ➔ *in einem zeitlichen Rahmen erreicht werden.*

Zum Schluss in der Konzeptentwicklung stellen Sie sich und Ihrem Team die Frage: Wie können wir unsere Ziele erreichen?

Die Beantwortung der folgenden Fragen kann Ihnen bei der Lösungssuche helfen.

- ➔ *Welche Wege können wir gehen, um das Ziel zu erreichen?*
- ➔ *Welche Mittel stehen uns dabei zur Verfügung und welche benötigen wir noch?*
- ➔ *Welche rechtlichen, institutionellen, politischen Rahmenbedingungen müssen wir beachten?*
- ➔ *Welche Hindernisse können auftreten?*

Wenn Sie diese Fragen umfangreich im Team besprochen und ausgewertet haben, dann können Sie mit den gewonnenen Ergebnissen im kreativen Denk- und Arbeitsprozess das Konzept zu Papier bringen.

Der vermutlich wichtigste Punkt in der Realisierung Ihres Projektes ist die Finanzierung. Sie sollten sich schon von Beginn an mehrere Varianten dafür überlegen. Es kann immer wieder passieren, dass Sie Fördermittel bekommen, aber nicht die komplett gewünschte, von Ihnen beantragte Summe. Sie sollten vorher für sich geklärt haben, ob das Projekt dann trotzdem in etwas abgeänderter Form durchgeführt werden kann und soll. Wir können Ihnen nur raten: Versuchen Sie nicht, um jeden Preis ein Projekt durchzuführen. Vermeiden Sie es, zuerst bei den Personal- und Honorarkosten zu sparen. Besser ist es, das Projekt dann zu verkleinern oder

zu einem späteren Zeitpunkt starten. Ansonsten verschleißen Sie Ihre Partner, Ihre eigene Kraft und werden mit dem Ergebnis nicht zufrieden sein.
Wenn Sie schon Zusagen über Fördergelder haben, diese aber noch nicht ausreichen, kommunizieren Sie rechtzeitig mit Ihren Förderpartnern und schildern Sie offen und ehrlich die veränderte Situation. Eine Projektverschiebung ist unserer Erfahrung nach bei vorheriger Absprache immer möglich.

Beginnen Sie nie ein Projekt, welches nicht komplett durchfinanziert ist – egal wie groß oder wie klein es ist.

Bei einigen EU-Projekten gibt es noch einmal besondere Modalitäten. Dort benötigen Sie bei Antragstellung schon die definitive Zusage eines weiteren Fördergebers oder Sie bringen selbst die geforderten Prozente der Eigenbeteiligung auf. Das kann bis zu 50% der Gesamtkosten umfassen. Das bedeutet aber, Sie können bei Bewilligung immer mit der gesamten Antragssumme kalkulieren.

Wichtig bei der Planung Ihrer Finanzen ist die Vorleistung. Bei vielen Geldgebern müssen Sie in Vorleistung gehen und erst nach erfolgreicher Abrechnung der Kosten und Verwendungsnachweise sowie aller Zwischen- und Abschlussberichte fließen die Mittel, was mitunter eine 100%ige Vorfinanzierung bedeuten kann.
Wir raten: Gehen Sie keine unkalkulierbaren finanziellen Risiken ein! Das kann gerade bei kleineren Einrichtungen, Organisationen, Vereinen bedeuten, dass die Möglichkeit der persönlichen Haftung besteht. Suchen Sie sich bei größeren Fördersummen professionelle Kooperationspartner in der Beratung und Unterstützung.

Grundsätzlich zur Konzeptentwicklung raten wir: Formulieren Sie Ihre Idee schriftlich. Das strukturiert, schafft Ergebnisse und einen gemeinsamen Wissensstand für alle Beteiligten. Damit leisten Sie die Vorarbeit für den späteren Förderantrag. Sie werden sicher merken, dass Ihre Idee an vielen Stellen noch nicht „rund“ ist. Dann kann die Beantwortung der nachfolgenden Fragen hilfreich sein:

➔ *Was passiert in meinem Projekt?*
➔ *Wann findet das Projekt statt?*

- *Wie lange soll es laufen?*
- *Wo soll das Projekt durchgeführt werden?*
- *Gibt es schon Projekte dieser Art?*
- *Worin besteht bei diesem Projekt das öffentliche Interesse?*
- *Ist das Projekt von regionaler, nationaler oder sogar von europäischer Bedeutung?*
- *Sind genügend Kapazitäten für die Planung und Umsetzung des Projektes vorhanden?*
- *Was soll mit diesem Projekt erreicht werden?*
- *Wer ist die Zielgruppe des Projektes?*
- *Wann wird das Projekt ein Erfolg?*
- *Wer sind mögliche Partner des Projektes?*
- *Wer kann das Projekt unterstützen?*
- *Welche finanziellen Mittel werden benötigt?*
- *Wie kann ich das Projekt in die Medien bringen?*
- *Ist das Projekt von nachhaltigem Wert?*

Wichtig dabei ist es, schon jetzt mit der Recherche nach möglichen Förderern zu beginnen. Dabei gilt es, potenzielle Geldgeber zu finden, deren Wirkungsbereich in irgendeiner Weise das Anliegen des Projektes tangiert und deshalb als Förderer gewonnen werden können.

Grundsätzlich empfehlen wir, mit der Suche lokal zu beginnen und diese dann bundesweit bzw. europaweit ausweiten. Nutzen Sie schon hier die Möglichkeit der ersten Online-Recherche. Sie werden relativ schnell ähnliche Projekte finden. Schauen Sie sich diese genau an, um zu erfahren, WER diese WIE unterstützt, gefördert und eventuell gesponsert hat. Finden Sie die Schnittpunkte zwischen den Kooperationspartnern dieser Projekte. Diese Erfahrungen werden Ihnen bei der eigenen Suche helfen.

Es gibt sicher auch kaum einen Fördergeber, der sich sofort und ohne Vorbehalt mit dem Inhalt Ihres Vorhabens völlig identifizieren kann.
Wohl aber kann es gelingen, die Bedeutung und Originalität Ihres Projektes so überzeugend darzustellen, dass dem potenziellen Fördergeber bewusst wird, wie

nachhaltig oder werbeträchtig seine Unterstützung für das eigene Unternehmen sein könnte.
Passen Sie deshalb in Ihrer Antragstellung Ihre Begründungen den besonderen Bedingungen, dem Image und den Zielen des potenziellen Partners an und gehen Sie möglichst früh in Kontakt!

Auf jeden Fall sollten Sie bei Ihrer Recherche die nachfolgenden Sätze verinnerlichen!

Es gibt keine Ausschreibung und keinen Fördergeber, der zu 100% auf Ihr Projekt passt. Aber Sie haben die Möglichkeit, Ihr Projekt der Ausschreibung oder dem Fördergeber anzupassen. Frei nach dem Motto, was nicht passt, wird passend gemacht!
Es sollte aber immer noch Ihrer Grundidee entsprechen!

Der Antrag

Es gibt keinen allgemeingültigen Antrag, der für alle Fördertöpfe und Finanzierungsmöglichkeiten passt. Jeder Antrag hat seine eigenen Hürden, die es zu meistern gilt.

Aber umgekehrt ist ein formal richtiger und inhaltlich überzeugender Antrag die Grundvoraussetzung, um mögliche Fördergelder erhalten zu können.
Deshalb sollte für das Ausfüllen des Antrages genügend Zeit eingeplant werden.

Es gibt einige allgemeine Grundregeln, die es bei fast allen Anträgen zu beachten gilt. Zum Beispiel ist die Form eines Antrages in den meisten Fällen vorgeschrieben. Verwendet der Fördergeber konkrete Antragsformulare, sind ausschließlich nur diese zu nutzen. Ergänzungen sollten Sie nur tätigen, wenn sie gefordert sind. Grundsätzlich empfehlen wir Ihnen dringend, die Form einzuhalten. Wenn Sie sich nicht an die vorgegebenen Regeln halten, kann das schon ein Ablehnungsgrund sein.

Viele Fördergeber haben in den letzten Jahren ihre Systeme auf Online-Antragstellung umgestellt, dies wird auch in Zukunft weiter zunehmen. Dies hat viele Vorteile, zum einen sparen Sie natürlich Papier. Weiterhin müssen Sie nicht umfangreiche Texte schreiben, da die Formulare und Spalten in einigen Punkten begrenzt sind, es zwingt Sie zu kürzeren zielorientierten Formulierungen. Das erspart Ihnen und den Bearbeitern Zeit und Arbeit. Wir empfehlen Ihnen dringend bei der Online – Antragstellung: Speichern Sie Ihren Antrag auch auf Ihrem Rechner in einem Textprogramm ab oder drucken ihn vor Abschluss aus. Denn wenn Sie den Antrag absenden, kann es sein, dass Sie keinen Zugang mehr dazu haben – das Dokument ist für Sie sozusagen „weg“, da es nie auf Ihrem Rechner gespeichert war, sondern auf dem Provider des Fördergebers.

Achten Sie darauf, dass neben dem Antrag vom Fördergeber noch weitere Materialien wie z.B. die Satzung, der Freistellungsbescheid, der Vereinsregisterauszug angefordert werden können. Diese sind dann in der Regel postalisch mit der jeweiligen Antragsnummer zu verschicken. Erst wenn diese Unterlagen beim Fördergeber vorliegen, kann der Antrag bearbeitet werden. Achten Sie darauf, dass Ihre Freistellungsbescheide nur begrenzte Gültigkeitsdauer haben, die regelmäßig wieder aktualisiert werden müssen.

- *vorläufiger Freistellungsbescheid: Ausstellungsdatum + 3 Jahre*
- *regulärer Freistellungsbescheid: Ausstellungsdatum + 5 Jahre*

Inhaltlich muss Ihr Antrag immer zum Zweck des Fördergebers passen.
Viele Fördergeber haben in den Zielen ihrer jeweiligen Programme Leitsätze, diese sollten auch in den jeweiligen Anträgen nicht wortwörtlich, jedoch sinngemäß wiederzufinden sein.

Gehen Sie immer individuell auf die jeweiligen Förderkriterien der Geldgeber ein und argumentieren Sie mit diesen auch. Erfinden Sie die Welt nicht neu. Sachliche und fachliche Argumente sind wichtiger als weitschweifende schöngeistige Umschreibungen. Benutzen Sie bei der Formulierung eines Antrages kurze, prägnante Sätze und eine einfache, klare Ausdrucksweise.
Fremdwörter sollten sparsam und auch dann nur im konkreten Zusammenhang verwendet werden. Die Projektbeschreibung muss allgemein verständlich und nachvollziehbar sein.
Denken Sie dabei immer daran, Ihr Antrag kann nur bewilligt werden, wenn das Projekt zum Fördergeber passt. Egal, wie toll und sinnvoll Ihr Projekt auch ist, wenn es nicht in die Kriterien des Fördergebers passt, kann es nicht bewilligt werden.

Es gibt zwei Arten von Antragsvorlagen, erstens den formlosen Antrag und zweitens den Antrag mit einem vorgegebenen Formular seitens des Fördergebers.

Sollte es kein Antragsformular geben und auch keine genauen Vorgaben zur Antragstellung, dann möchten wir Ihnen nachfolgend eine mögliche Gliederung für einen formlosen Antrag zeigen:

- *Anschreiben*
- *Angaben zum Antragsteller*
- *Kurzvorstellung des Projektes*
- *Detaillierte Projektbeschreibung*

- → *Zielgruppe*
- → *Zeitplan*
- → *Finanzplan*
- → *Ausblick*

Anschreiben

Wir raten, immer – und insbesondere bei formlosen Anträgen - vorher mit dem Fördergeber in Kontakt zu kommen und nicht auf gut Glück wahllos Anträge zu versenden. Fragen Sie auch beim Telefonat lieber noch einmal nach dem Namen, damit Sie sich im Anschreiben konkret auf Ihren Ansprechpartner beziehen können. Viele Ansprechpartner sind auf der website konkret benannt. Senden Sie den Antrag zeitnah nach Ihrem Telefonat, sodass der Empfänger einen Bezug zu Ihnen herstellen kann.

Gehen Sie anfangs auf die Ziele des Fördergebers ein und stellen Sie damit Schnittpunkte zwischen den Zielen Ihrer Organisation und dem Fördergeber her.
Erläutern Sie in kurzen, prägnanten Sätzen, warum Sie genau diesen Fördergeber ansprechen zur Unterstützung Ihres Projektes.
Schildern Sie erst dann kurz Ihre Situation und Ziele und warum Sie eine Förderung benötigen. Schildern Sie Ihre Kompetenz oder die Ihrer Organisation für eine erfolgreiche Durchführung des Projektes. Zeigen Sie den gesellschaftlichen Bedarf, auf den Sie mit diesem Projekt reagieren möchten.
Am Ende des Anschreibens signalisieren Sie weitere Informationsbereitschaft für telefonische Rückfragen oder ein persönliches Gespräch.
Das Anschreiben sollte nicht länger als eine DINA4-Seite sein.

Angaben zum Antragsteller

- → *Name der antragstellenden Organisation (z.B. Verband, Verein, Schule, Musikschule, freier Träger Verein, Initiative)*
- → *Name des Ansprechpartners der Organisation (Vereinsvorstand, Schulleiter, Projektleiter usw.)*

- ➔ *Adresse, Telefon, Fax, E-Mail, Website*
- ➔ *Name des Ansprechpartners für das Projekt (wenn abweichend vom obigen Punkt)*
- ➔ *Adresse, Telefon, Fax, E-Mail, Website*
- ➔ *Angaben zur Tätigkeit der antragstellenden Organisation*
- ➔ *Angaben zur Finanzierung der Organisation*
- ➔ *Ist die antragstellende Organisation gemeinnützig?*
- ➔ *Kopie des Freistellungsbescheides (nicht älter als 3 Jahre sowie Satzung und Auszug aus dem Vereinsregisterauszug beilegen)*
- ➔ *Welche Referenzen bzw. welchen Erfahrungsstand kann die Organisation vorweisen?*
  So können Sie z.B. Flyer, Broschüren, Selbstdarstellungen, Fotos der antragsstellenden Organisation als Anlage beilegen. Aber verwenden Sie bitte nur ausgewähltes Infomaterial (keine extra Pakete) und nur, wenn es seitens des Antragsstellers erwünscht ist bzw. sprechen Sie dies im Telefonat ab.
- ➔ *Welchen Satzungszweck hat die Organisation?*
- ➔ *Welche Ziele verfolgt die Organisation?*
- ➔ *Gibt es am Projekt beteiligte Partner, Institutionen, Gruppen?*
- ➔ *Wenn ja, dann geben Sie die Ansprechpartner, deren Adresse, Telefon, Fax, E-Mail, Internetadresse an.*

Welche Vereinbarungen bestehen mit den beteiligten Partnern während des Projektes? Legen Sie unterzeichnete Verträge bei, dies ist besonders bei der Beantragung von EU – Fördermitteln gefordert. Sie benötigen ebenso wie von Ihrer Organisation auch Informationen zu den jeweilig beteiligten Partnern.

Kurzvorstellung des Projektes

Dies umfasst den Titel des Projektes und Kurzdarstellung der wesentlichen Inhalte des Vorhabens. Dabei wäre es gut, wenn Sie auch folgende Frage beantworten können: Was ist das Besondere an diesem Projekt (Alleinstellungsmerkmal)?
Bei der Kurzdarstellung handelt es sich um eine prägnante, überblickartige Zusammenfassung der wichtigsten Punkte, die Skizzierung des Problembereiches und der Lösungsvorschläge. Die Kurzbeschreibung darf bei vielen Formularen nicht

länger als maximal 1.000 Zeichen sein und sollte beim Leser Neugier und Interesse am Projekt wecken. Der 2-Minuten-Test ist dabei ganz hilfreich. Können Sie in dieser kurzen Zeit Ihr Projekt nicht nachvollziehbar und begeisternd beschreiben, sollten Sie die Darstellung nochmals überarbeiten. Dann ist die Beschreibung noch nicht ausgereift, zu lang oder zu komplex.

Detaillierte Projektbeschreibung

Ausgangslage, Durchführung und Motivation für die Projektidee

Stellen Sie die Inhalte des Projektes ausführlich dar und formulieren Sie, mit welchen Methoden diese umgesetzt werden sollen. Machen Sie konkrete Angaben zu den Mitarbeitern und Projektteilnehmern und deren Qualifizierungen. Erläutern Sie, in welchen Räumlichkeiten das Projekt durchgeführt wird und welche Hilfsmittel dabei verwendet werden.
Machen Sie Angaben zu den Zielen, die das Projekt verfolgt. Dabei ist eine Unterteilung in kurz- mittel- und langfristige Ziele optional projektabhängig. Es ist sinnvoll zu erläutern, welche Ergebnisse zu erwarten sind und wie diese gemessen werden können.
Eine gute Projektbeschreibung sollte präzise Formulierungen in einfachen, gut verständlichen Sätzen beinhalten.
Wichtig für den Förderer ist, dass er eine klare Struktur im Sinne eines „roten Fadens“ erkennt. Es muss ersichtlich sein, wie Sie die gestellten Ziele erreichen wollen und welche Teilschritte dafür wichtig sind.
Wer bewertet das Projekt und wie geschieht das? Führen Sie, wenn möglich, Angaben zur Nachhaltigkeit des Projektes an und zeigen Sie einen Ausblick zu weiteren Planungen nach erfolgreichem Projektabschluss. Ist das Vorhaben vielleicht ein Pilotprojekt? Wird das Projekt in einer anderen Art und Weise weitergeführt? Leistet es Anregungen für weitere Aktivitäten? Planen Sie eine Zusammenarbeit und Vernetzung mit anderen Partnern? Besonders der Bereich der Folgewirkungen und Nachhaltigkeit ist nach unseren Beobachtungen ein aktuell wachsender Anspruch an Projektarbeit.
Aber auch diese Frage zählt: Können Gerätschaften oder Materialien, die für das Projekt angeschafft wurden, weiter genutzt werden?

Ganz wichtig: Welche Öffentlichkeitsarbeit ist vor, während und nach erfolgreichem Projektabschluss geplant? Beziehen Sie hier die Maßnahmen, bei der Sie den Fördergeber darstellen können, konkret mit ein. Viele Fördergeber fragen den Punkt Öffentlichkeitsarbeit mittlerweile auch einzeln ab. Wenn dies nicht verlangt wird, dann ist er unserer Erfahrung nach in dem Punkt „detaillierte Projektbeschreibung" am besten aufgehoben.

Zielgruppe

Schauen Sie bei diesem Punkt ganz genau in die vorgegebenen Förderkriterien: Wen soll die Ausschreibung erreichen? Beschreiben Sie die Zielgruppe z.B. nach Alter, Geschlecht, Nationalität, Förderbedarf, soziales Milieu. Umso detaillierter können Sie die Bedeutung des Projektes genau für die zu fördernde Gruppe herausarbeiten, um damit den gesellschaftlichen Nutzen und Mehrwert erkennbar zu machen. Stellen Sie in der Projektbeschreibung dar, wie Sie genau diese Zielgruppe erreichen oder für diese etwas bewirken können.

Zeitplan

Unserer Erfahrung nach ist es eine Herausforderung, sich Zeit für den Zeitplan zu nehmen. Unser Tipp: Nehmen Sie sich Zeit für die Zeit.
Erläutern Sie die einzelnen Projektphasen, untergliedern Sie in Planungsphase, Vorbereitung, Durchführung, Abschluss, Auswertung.
Wir raten Ihnen, dies anhand eines Zeitstrahls visualisiert darzustellen.
Vergessen Sie dabei nicht, die Bearbeitungszeit des möglichen Fördergebers mitzurechnen, dies kann teilweise mehrere Monate betragen. Einige Einrichtungen treffen sich nur zu bestimmten Zeiten wie zweimal im Jahr. Den üblichen „Wartezeitraum" können Sie schon im Vorfeld erfragen.
Achten Sie darauf, dass es bei Ausschreibungen und einigen Stiftungen feste Deadlines für Anträge gibt.

Kosten- und Finanzierungsplan

(siehe ausführliche Beschreibung)

Ausblick

Von einigen Fördergebern wird dieser Punkt extra abgefragt. Hier geht es um die Impulse und den langfristigen Nutzen, den das Projekt bewirken soll. Ähnlich wie in der detaillierten Projektbeschreibung können Sie folgende Fragen dafür beantworten: Was passiert nach der Förderung? Ist eine Fortführung nach Auslaufen der Finanzierung geplant? Wird das Projekt mit anderen Mitteln, Teilnehmern oder anderen Veränderungen weitergeführt? Trägt es sich vielleicht finanziell selbst?

Evaluation

Das Thema Evaluation hat in den letzten Jahren eine immer stärkere Bedeutung gewonnen, ist aber noch nicht bei allen Anträgen gefordert.
Die Evaluation im Sinne von Aus- oder Bewertung des Projektes steht in engem Zusammenhang mit der Messung Ihrer Ziele. Anders als im Bericht können Sie hier die Rolle und Auswirkungen des Projektes ausführlicher einschätzen und vor allem bewerten. Die Evaluation kann sowohl intern als auch extern erfolgen. Die genauen Anforderungen dazu finden Sie in den jeweiligen Antragskriterien.

Nachfolgend finden Sie zwei Antragsformulare, einmal der Checkpoint Charlie Stiftung und einmal der Mahle Stiftung

MAHLE STIFTUNG
GESELLSCHAFT MIT BESCHRÄNKTER HAFTUNG

Antrag an die MAHLE-STIFTUNG GmbH

Antragsnummer * wird von der Stiftung ausgefüllt:	
Bearbeiter * wird von der Stiftung ausgefüllt:	

1. **Angaben zum Antragsteller**:
(Die MAHLE-STIFTUNG GmbH fördert ausschließlich gemeinnützige Institutionen.)

1.1	**Name der Institution:** Bitte tragen Sie den Namen genau so ein, wie er auf dem Freistellungsbescheid aufgeführt wird.	
	Straße, Hausnummer:	
	PLZ/Ort:	
	Telefon, Telefax:	
	E-Mail:	
	Internet-Adresse:	
	Geschäftsführer/ Vorsitzender:	
	Rechtsform der Institution:	
	Satzungszweck der Institution:	
	Grundfinanzierung der Institution: institutionell, projektbezogen, etc.	

1.2	**Verantwortlich für die Projektbearbeitung:**	
	Name:	
	Telefon:	
	Fax:	
	E-Mail:	
	Anschrift: Wenn abweichend von der Institution bzw. wenn der Antrag über Dritte gestellt wird.	

1.3	**Bankverbindung:**	
	Name der Bank:	
	Kontonummer:	
	Bankleitzahl:	
	bei Antragstellern aus dem Ausland bitte zusätzlich Anschrift der Bank sowie IBAN und SWIFT-Code angeben:	
1.4	**Antragsteller aus dem Ausland: Bitte nennen Sie uns die deutsche gemeinnützige Institution, die bereit ist, eventuelle Fördergelder an Sie ins Ausland zu transferieren und holen Sie deren Einverständnis ein.**	

2. **Angaben zum Projekt:**

2.1	**Projekttitel:**	
2.2	**Kurzbeschreibung des Projekts: (max. ½ DIN A4-Seite)**	
2.3	**Dauer des Projekts:**	

2.4	**Ort(e):**	
2.5	**Weitere finanzielle Förderer des Projektes:**	
2.6	**Ziel(e) des Projekts:**	
2.7	**Wie soll das erreicht werden?** Mittel, Arbeitsschritte, Methoden	
2.8	**Was ist das Besondere, Innovative, Zukunftsträchtige an Ihrem Projekt?**	
2.9	**Gesamtkosten für die Dauer des Projekts:** Bei Projekten über eine längere Laufzeit bitte Kosten- und Finanzierungsplan für den gesamten Projektzeitraum auf einem Extra-Blatt einreichen	

2.10	**Welche Gesamtkosten für 1 Jahr haben Sie kalkuliert?** Einzelkosten bitte auf dem Formular "Finanzierungsplan" darstellen.	
2.11	**Welchen Anteil erhoffen Sie von der MAHLE-STIFTUNG GmbH?** Bitte tragen Sie einen konkreten Wert in EURO ein.	
2.12	**Ist das geplante Vorhaben gemeinnützig?**	
2.13	**Wie ist der Zeitablauf des Projekts?**	

3.1	**Bitte nennen Sie die Bewertungsmaßstäbe und -kriterien, mittels derer Sie den Erfolg des Vorhabens messen wollen.**	

Bitte beachten Sie:
Die MAHLE-STIFTUNG GmbH fördert keine Projekte als alleiniger Förderer. Zuwendungen oder Darlehen sind unter Beachtung der Wirtschaftlichkeit und der Sparsamkeit nur für den unmittelbaren Bewilligungszweck zu verwenden.

<u>Weitere Unterlagen, die wir benötigen:</u>

- **Haushaltsplan für das laufende Jahr**
- **Vereins- bzw. Handelsregisterauszug**
- **gültige Satzung**
- **gültiger Gemeinnützigkeitsbescheid (Freistellungsbescheid)**
- **Jahresabschluss für das letzte abgelaufene Geschäftsjahr**

Ort, Datum:

Unterschrift des Antragstellers:

MAHLE STIFTUNG
GESELLSCHAFT MIT BESCHRÄNKTER HAFTUNG

Folgende Unterlagen benötigen wir vollständig für eine Bearbeitung Ihres Antrags:

- ☑ **Vollständig ausgefülltes und unterschriebenes Antragsformular - ohne Querverweise**
- ☑ **Vollständig ausgefüllter und unterschriebener Finanzierungsplan - ohne Querverweise**
- ☑ **Haushaltsplan für das laufende Jahr**
- ☑ **Vereins- bzw. Handelsregisterauszug**
- ☑ **gültige Satzung**
- ☑ **gültiger Gemeinnützigkeitsbescheid (Freistellungsbescheid)**
- ☑ **Jahresabschluss für das letzte abgelaufene Geschäftsjahr**

Wenn alle Unterlagen vorliegen, senden Sie diese bitte an:

MAHLE-STIFTUNG GmbH
Leibnizstraße 35,
D-70193 Stuttgart

Bitte beachten Sie, dass nur vollständige Anträge bearbeitet werden können. Bei Fragen können Sie uns gerne ansprechen:

Telefon: +49 (0)711- 6 36 43 31
e-mail: info@mahle-stiftung.de

An die Checkpoint Charlie Stiftung
Wolfensteindamm 9
D - 12165 Berlin

Antrag auf die Gewährung einer Zuwendung

Projekt - Nr.:____/_____ **Eingangsdatum:____________________**

Projekt-Titel:____

(dieser Abschnitt wird von CCS ausgefüllt)

---

1. Antragsteller

Vorname / Nachname: ....

Straße, Hausnummer: ....

PLZ / Ort: ....

Telefon: .... **Fax:** ....

e-mail: .... **www//**:..

Staatsbürgerschaft: ☐ D ☐ USA ☐ andere................................

Beantragen Sie die Zuwendung im Rahmen einer Institution, sind folgende Angaben zu machen:

Institution: ....

....

Straße, Hausnummer: ....

PLZ, Ort: ....

Telefon: .... **Fax:** ....

e-mail: .... **www//**:..

Korrespondenzadresse: ☐ privat ☐ Institution

Bankverbindung: Kontoinhaber: ....

Kontonummer ....

BLZ: ....

2. Projekt: Wir bitten um Unterstützung unseres Projektes in ...

a) organisatorisch-/ ideeller Art ☐ ja ☐ nein

- wenn ja, in welcher Form ....

- Umfang (geschätzter Zeitaufwand) ....

b) finanzieller Art ☐ ja ☐ nein

....wenn ja, bitte immer in €uro angeben / umrechnen!!

geplanter Zeitraum (von - bis) ....

Anzahl der Teilnehmer: ....

Art der Unterbringung
(Hotel, o.ä. oder Gastfamilien) ....

Projektbeschreibung

....
....
....
....
....
....
....
....
....
....
....
....
....
....
....
....
....

- Gesamtkosten des Projekts:	**..............................€uro**
- Eigenmittel	
Teilnehmerbeiträge	**..............................€uro**
Zuwendungen Dritter..	**..............................€uro**
....	**..............................€uro**
Spenden	**..............................€uro**
....	**..............................€uro**
Beantragte Summe:	**..........................€uro**

Bitte beachten Sie, dass Ihr Antrag nur dann bearbeitet werden kann, wenn er:

1.) komplett ausgefüllt ist.
2.) der Checkpoint Charlie Stiftung in **zehnfacher** Ausfertigung zugeschickt wurde.
3.) die einzelnen Seiten des Antrages nicht geklammert sind (Bitte nur mit Büroklammern verbinden!)
4.) nicht mehr als 10 DIN A4 – Seiten umfasst!

Zusätzliche Materialien wie Broschüren, CD's u.ä. bitte nur in einfacher Ausfertigung beilegen.

Hiermit bestätige ich die Richtigkeit, Vollständigkeit und Aktualität der oben gemachten Angaben.

Ort /Datum..

Stempel / Unterschrift

Wir versichern Ihnen, dass alle o.g. Angaben vertraulich behandelt und nicht an Dritte weitergegeben werden und erlauben uns, Sie in unregelmäßigen Zeitabständen über die Arbeit der Stiftung zu informieren.

Wird durch die Checkpoint Charlie Stiftung ausgefüllt!

Dem o.g. Antrag wurde auf der Sitzung des Vorstandes am:...

entsprochen	☐ ja	☐ nein	☐ Teilfinanzierung
wenn ja, in welcher Höhe	€uro		☐ Vollfinanzierung
Auflagen:	....		
	....		

Der Kosten- und Finanzierungsplan

Wichtigster Bestandteil jedes Antrages auf Fördermittel ist der Kosten- und Finanzierungsplan.

Es gibt dabei einige grundsätzliche Elemente, die enthalten sein müssen. Wichtig dabei ist es vor allem, den Plan klar überschaubar und vor allem nachvollziehbar zu gestalten.

Im Kosten- und Finanzierungsplan werden die Gesamtkosten des Projektes dargestellt. Dabei muss für den Antragsempfänger sofort ersichtlich sein, welche Summe Sie bei ihm beantragen. Machen Sie aber nicht den Fehler, NUR die Kosten aufzulisten, die sie bei ihm beantragen. Die gesamte Projektfinanzierung muss aufgeschlüsselt werden und für ihn nachvollziehbar sein.

Der Kosten- und Finanzierungsplan muss ausgeglichen sein. Das heißt, die Summe der Ausgaben ist deckungsgleich zur Summe der Einnahmen. Einnahmen minus Ausgaben ergeben Null!

Die einzelnen Kosten listen Sie übersichtlich auf, dabei wird in Personal- und Sachkosten unterschieden.

Bei größeren Einzelposten sind Kostenvoranschläge zu empfehlen. Wenn dies ausdrücklich gefordert wird, werden Sie diese Information in den jeweiligen Förderrichtlinien finden oder bei telefonischer Nachfrage beim Fördergeber.

Auf der Finanzierungsseite nennen Sie alle vorhandenen sowie die weiterhin beantragten Mittel, auch wenn es dabei noch keine konkreten Zusagen gibt. Erkennbar muss sein, bei welcher Einrichtung, Stiftung und bei welchem Fördertopf Sie die weiteren Mittel beantragt haben. Nennen Sie dabei die genaue Höhe der beantragten Gelder.

Wenn Sie Eigenmittel verwenden, sind diese ebenso detailliert aufzulisten. Bei möglichen Einnahmen aus Veranstaltungen, die zur Finanzierung des Projektes verwendet werden sollen, ist zu beachten, dass Sie nicht von ausverkauften Events ausgehen sollten. Sonst kann es schnell passieren, dass Sie eine größere Lücke im Gesamtbudget bekommen. Ebenso planen Sie aber auch nicht mit zu geringen Zuschauerzahlen, sonst könnte das der Fördergeber schon als geplanten Misserfolg deuten. Ein Mittelwert ist für beide Seiten akzeptabel. Beweisen Sie gesunden Mut zur Schätzung, das stärkt auch Ihr Selbstbewusstsein fürs Projekt.

Beachten Sie dabei die Mittelverwendungen. Fördergeber achten sehr auf eine kompetente und zweckentsprechende Vorgehensweise. Dies bedeutet, es wird aus dem Kostenplan schon Ihre Fachkenntnis erkannt werden.

Planen Sie realistisch und langfristig. Es bringt Ihnen nichts, wenn Sie nur mit dem Allernötigsten kalkulieren, da werden Sie bald in betriebswirtschaftliche Schwierigkeiten kommen. Rechnen Sie in Ihren Planungen immer mit Risiken und möglichen Problemen, z.B. mit geringeren Teilnehmerzahlen oder Fahrpreise haben sich geändert usw.

Wenn Sie gleichzeitig mehrere Projekte parallel durchführen, verwenden Sie die schon erhaltenen Mittel nicht projektübergreifend, denn bei den fälligen Zwischenberichten haben Sie die Pflicht, die Nachweise über den Verwendungszweck der bisher eingesetzten Mittel vorzulegen, sonst bekommen Sie keine weiteren Zahlungen angewiesen.

Beachten Sie bei der Antragstellung, ob der Fördergeber auch die zu beantragenden Posten grundsätzlich fördert. Einige Stiftungen z.B. fördern ausschließlich Sachkosten und keine Personalkosten. Ebenso sind Baumaßnahmen bei vielen Stiftungen nicht förderfähig. Studieren Sie deshalb genau vor Aufstellung Ihres Finanzplans die konkreten Förderkriterien der einzelnen Fördertöpfe.

Nachfolgend werden die möglichen Kosten aufgelistet, die in einem Kosten- und Finanzierungsplan enthalten sein können.

Kostenplan

Personalkosten

- ➔ *Lohnkosten (Dauer, Stundenumfang, Tarif)*
- ➔ *Honorarkosten (Abrechnung nach Stunden- oder Tagessätzen, Dauer)*

Sachkosten

- ➔ *Reisekosten (Flug, Bahn, Auto, Übernachtung)*
- ➔ *Verpflegungskosten*
- ➔ *Miet-, Raumkosten (nur wenn Sie diese Räume extra für ein Projekt anmieten oder es dafür umräumen, leer räumen müssen – laufende Mieten fallen nicht darunter)*
- ➔ *Bürobedarf (Kopien, Briefumschläge)*
- ➔ *Materialkosten (Stoffe, Bastelmaterial)*
- ➔ *Anschaffungen (teilweise Kostenvoranschläge gefordert – Abschreibungen beachten)*
- ➔ *Fahrzeuge (Miete/Kauf, Treibstoff)*
- ➔ *Werbung (Zeitung, Internet)*
- ➔ *Drucksachen*
- ➔ *Website (Design/Grundkosten/Pflege)*
- ➔ *Porto*
- ➔ *Telefon (teilweise noch Einzelverbindungsnachweis erforderlich)*
- ➔ *Kontogebühren (z.B. Überweisungen ins Ausland)*
- ➔ *Zinsaufwand (prüfen, ob dieser Posten förderfähig ist)*
- ➔ *Beratungskosten (während des Projektes – Evaluation teilweise extern gefordert bei EU – Projekten)*
- ➔ *Versicherungen (Teilnehmer, Veranstaltung, Technik)*
- ➔ *Kosten für die Nutzung z.B. von Musik (z.B. Tarife bei der Gesellschaft für musikalische Aufführungs- und mechanische Vervielfältigungsrechte GEMA)*
- ➔ *sonstiges*

Bei Posten, die nicht klar und deutlich in einem Satz verständlich gemacht werden können, ist eine detaillierte Erklärung anzufügen.
Der Fördergeber möchte genau wissen, wofür sein Geld verwendet wird.

Pauschale Summen für das gesamte Projekt z.B. für Honorare sind nicht nachvollziehbar. Bei einigen Stiftungen, Ausschreibungen und Fördertöpfen erhalten Sie Hilfestellungen, indem Sie mit konkreten Fragen durch den Antrag begleitet werden. Wenn Sie Probleme bei einem Posten haben, dann fragen Sie bei der Stiftung telefonisch nach, ob dieser förderfähig ist.
Bei einigen Ausschreibungen, Stiftungen und EU-Fördertöpfen finden Sie auch in den Förderkriterien Hinweise zu Honorarsätzen für verschiedene Leistungen ebenso für Tagessätze, Reisekosten, Verpflegungsätzen der einzelnen EU-Länder.

Finanzierungsplan

Um einen ausgeglichen Finanzierungsplan darstellen zu können, müssen Sie die vorher aufgeführten Gesamtausgaben jetzt mit den geplanten Gesamteinnahmen für den jeweiligen Fördergeber detailliert darstellen.
Hier aufgelistet sind verschieden Möglichkeiten der Einnahmen für Ihr Projekt.

- ➔ *Eigenmittel*
- ➔ *Spenden*
- ➔ *Erlöse (z.B. Ticketverkauf bei Veranstaltungen, Tagungsgebühren)*
- ➔ *Crowdfunding*
- ➔ *Mittel aus der Wirtschaft z.B. Sponsoring*
- ➔ *öffentlicher Zuschuss der Gemeinden, des Landes, des Bundes*
- ➔ *EU – Zuschuss*
- ➔ *Stiftungszuschuss*

Wenn Sie schon Zusagen von einigen Fördergebern haben, dann stellen Sie das hier deutlich dar.
Für manche Fördergeber ist es für die Entscheidungsfindung wichtig zu wissen, wer sich definitiv am Projekt beteiligt oder dies aber im Rahmen dieses Planes in Kürze tun wird, auch wenn Sie noch keinen Antrag gestellt haben.
Prüfen Sie zum Schluss den Finanzierungsplan, ob sich die Summe der Ausgaben (Kostenplan) mit denen der Einnahmen (Finanzierung) deckt.

Zur internen Planung:

Gibt es schwer kalkulierbare Posten bei den Einnahmen und Kosten, sollten Sie eine optimistische und eine pessimistische Variante notieren.
Entsprechend der jeweiligen Entwicklung kann dann schnell reagiert werden, z.B. wenn Sie mit Eintrittsgeldern oder größeren Teilnehmerzahlen planen

Wichtig: Die meisten Zuwendungen sind zweckgebunden und müssen unbedingt entsprechend verwendet werden. Auf den meist dafür vorhandenen Formularen muss eine genaue Abrechnung erfolgen.

Der Kostenplan muss also einerseits detailliert genug erstellt werden, damit mögliche Fördergeber nachvollziehen können, wofür die Mittel verwendet werden. Zum anderen muss aber auch immer noch ein kleiner flexibler Spielraum in der Durchführung und Abrechnung gewährleistet sein.

Ehrenamtliche Eigenleistungen, umgerechnet in Stunden- und Tagessätze, können in der Regel als Posten beim Eigenanteil angerechnet werden. Auch vergleichbare Mietpreise für die Nutzung von Räumlichkeiten, Fahrzeugen, Computern, privaten Telefonen können Sie hier anführen. Nachvollziehbar muss allerdings sein, dass diese Leistungen konkret für dieses Projekt erbracht werden. Bei vielen Fördergebern wird ein Eigenanteil nicht nur gewünscht, sondern ist Voraussetzung für eine mögliche Unterstützung.

Nachfolgend finden Sie ein Antragsformular für den Finanzierungsplan der Mahle Stiftung

Finanzierungsplan

Projekttitel:

Antragsnummer:
(Stiftungsintern auszufüllen)

Veranschlagte Kosten: Kostenaufstellung für das Jahr:

Personalkosten:		Euro
	Zwischensumme	- €
Investitionen (bitte einzeln aufführen):		Euro
	Zwischensumme	- €
Sonstige Sachkosten:		Euro
	Zwischensumme	- €
Gesamt		- €

MAHLE-STIFTUNG GmbH
Leibnizstraße 35, 70193 Stuttgart, Germany
Geschäftsführer: Jürgen Schweiß-Ertl; Amtsgericht Stuttgart HRB 2989

00-024Stand: August 2010

Finanzierung:

Eigenmittel:		Euro
	Zwischensumme	- €
Fremdmittel (Zuwendungen, keine Darlehen):	beantragt	bereits zugesagt
Zwischensumme	- €	- €
Gesamt	**- €**	**- €**

Zusammenfassung	
Gesamtkosten des Projekts	- €
Vorhandene Eigenmittel	- €
Zugesagte Fremdmittel (Zuwendungen)	- €
Überschuss / Defizit des Projekts:	**- €**

Darlehen:	beantragt	bereits zugesagt
Summe	- €	- €

Datum **Name und Funktion** **Unterschrift**

Hinweise zur Kostenaufstellung:

Tragen Sie bitte die einzelnen Positionen der durch das Projekt entstehenden Kosten sowie die geschätzten Einnahmen und bereitgestellten Eigenmittel in Euro in die Zeilen ein.

Die Kostenaufstellung sollte so differenziert wie möglich sein und den Grundsätzen der ordnungsgemäßen Buchhaltung entsprechen, bzw. sinnvoll gegliedert und verständlich sein; gegebenenfalls fügen Sie bitte Erläuterungen auf einem Beiblatt hinzu.

MAHLE-STIFTUNG GmbH
Leibnizstraße 35, 70193 Stuttgart, Germany
Geschäftsführer: Jürgen Schweiß-Ertl; Amtsgericht Stuttgart HRB 2989

00-024Stand: August 2010

Durchführung

Der erste Schritt ist getan, Sie haben Ihren Antrag rechtzeitig und vollständig abgeschickt.

Nach einer Zeitspanne der Bearbeitung Ihres Antrages, die in den jeweiligen Förderkriterien ersichtlich ist, jedoch nicht unter 4 Wochen liegt, erhalten Sie vermutlich eine positive Zusage seitens des Fördergebers. Gratulation!

Wenn Sie bei mehreren Geldgebern Anträge auf Förderung gestellt haben, kann es trotzdem passieren, dass Sie nicht bei allen Geldgebern Zusagen erhalten. Jetzt müssen Sie entscheiden, ob das Projekt mit den vorhandenen Mitteln erfolgreich durchgeführt werden kann.
Sie haben in der Konzeptentwicklung verschiedene Varianten kalkuliert, wodurch es jetzt für Sie relativ leicht ist, einen Entschluss zu fassen.
Sprechen Sie die aktuelle Situation offen und ehrlich mit Ihrem Projektpartner durch und treffen Sie dann eine gemeinsame Entscheidung.
Bewilligte Projekte können auch in Absprache mit dem Fördergeber zeitlich veränderte Abläufe bekommen. Handeln Sie aber nicht eigenmächtig, sondern holen Sie sich dabei immer das Einverständnis des Förderers ein.

Jetzt nehmen Sie ihre detaillierte Projektbeschreibung und Ihren Zeitplan, einer erfolgreichen Umsetzung steht nichts mehr im Weg.

Egal, ob Sie Fördermittel in Höhe von 100 € oder 1 Million € erhalten haben, Sie müssen für jeden Cent Nachweise bringen. Das Geld darf nur für den Verwendungszweck ausgegeben werden, für den es beantragt wurde.
Sollten sich Situationen ergeben, aus denen heraus ersichtlich ist, dass sich Kostenpositionen geändert haben, dann sprechen Sie das erst mit dem Fördergeber ab und holen sich die schriftliche Einverständniserklärung, bevor Sie Finanzmittel für einen neuen Zweck im Projekt einsetzen.
Sollte es während des Projektes zu zeitlichen Verschiebungen kommen, teilen Sie das dem Fördergeber mit. Projekte können nicht ewig hinausgezögert werden, aber in den meisten Fällen besteht die Möglichkeit, nach Absprache Fristen zu ver-

längern. Der regelmäßige Kontakt zum Fördergeber ist dabei die Voraussetzung. Sehen Sie den Fördergeber als engen Kooperationspartner, der zeitnah über Ergebnisse und den Fortschritt des Projektes informiert sein möchte.

Ansonsten halten Sie sich strikt an Ihren eigenen Projekt- und Zeit- und Kostenplan, denn dieser wurde zugesagt und wird dann bei der Abrechnung aller Kosten und Verwendungsnachweise die wenigsten Probleme bringen.

Abrechnung

Jede Förderung zieht eine ordentliche Abrechnung nach sich, die dem Fördergeber die ordnungsgemäße zweckentsprechende Verwendung aller Mittel zeigt.

In den meisten Fällen ist dabei eine einfache Einnahmen/Ausgaben-Tabelle ausreichend. Viele Fördergeber haben eigens dafür Formulare.

Die Belege müssen beigefügt werden, Sie müssen mit dem Fördergeber nur abklären, ob Kopien oder die Originalbelege benötigt werden. Meist sind die Kopien ausreichend, die Informationen dazu finden Sie in den Förderrichtlinien.

Beachten Sie dabei die einzuhaltenden Fristen des Verwendungsnachweises.

Ein Gesamtverwendungsnachweis muss rechtsverbindlich unterschrieben sein. Sollten sich Änderungen gegenüber dem Zeitpunkt der Antragstellung, beispielsweise Änderungen beim Unterzeichnungsbefugten ergeben haben, so sind Unterlagen diesbezüglich (z.B. aktueller Vereins- oder Handelsregisterauszug) beizufügen.

Im zahlenmäßigen Gesamtverwendungsnachweis werden grundsätzlich alle Kosten und Einnahmen des Projektes erfasst.

Der Verwendungsnachweis besteht aus der Auflistung der ursprünglich veranschlagten und der tatsächlich entstandenen Kosten sowie der geplanten und tatsächlich erzielten Einnahmen.

Die Kostengliederung muss detailliert sein (zumindest für die Gelder, die Sie vom Fördergeber erhalten haben) und die Einzelposten sollten in zeitlicher Reihenfolge entsprechend dem Kostenplan voneinander getrennt ausgewiesen werden.
Im Detail müssen Rechnungsdatum, Empfänger und Betrag jeder einzelnen Zahlung ersichtlich sein.

Bei Honorarkosten sind die Honorarverträge mit dem Namen des Honorarnehmers, den genauen Angaben von Stunden und Tagen, von Stunden- und Tagessätzen sowie der Kurzbeschreibung der Tätigkeit einzureichen. Bei anteiligen Personalkosten ist das ebenso nachzuweisen.

Bei Kosten für angemietete Räume ist der entsprechende Vertrag vorzulegen, aus dem die Kosten für die im Rahmen des Projektes genutzten Räume nachvollziehbar hervorgehen. Sollten anteilige Mietkosten förderfähig sein, ist dies ebenso genau darzustellen.

Bei unbar bezahlten Beträgen werden Kopien von Kontoauszügen als Nachweise beigelegt. Sonstige Kontobewegungen, die nicht im Zusammenhang mit dem durchgeführten Projekt stehen, sollten unkenntlich gemacht werden. Deshalb raten wir für größere Projekte ein eigenes Projektunterkonto zu erstellen.
Bei Bargeldquittungen muss der Verwendungszweck eindeutig erkennbar sein. Außerdem sollten diese Quittungen das Datum, den Stempel sowie die Unterschrift des Zahlungsempfängers enthalten.

Alle beigefügten Belege und Kopien müssen leserlich sein.

Achtung! Rechnungen auf Thermopapier bleichen nach kurzer Zeit (1 Jahr) teilweise bis zu Unlesbarkeit aus. Lagern Sie diese nicht bei direkter Sonneneinstrahlung, sondern erstellen Sie schnell Kopien und heften daran die Originalrechnung. Bewahren Sie diese trocken und wenn möglich lichtgeschützt auf.

Vom Fördergeber erhalten Sie nach Prüfung aller Unterlagen und Belege eine Bestätigung über die ordnungsgemäße Verwendung der Finanzmittel.

Bewahren Sie dieses Schreiben sowie alle Belege mindestens 7 Jahre in Ihren Unterlagen, informieren Sie sich diesbezüglich bitte in den jeweiligen Förderkriterien.
z.B. Veränderung / Erleichterung
EUROPÄISCHE KOMMISSION
PRESSEMITTEILUNG
Brüssel, 4 März 2014
Abbau der bürokratischen Hürden bei der EU-Förderung

Kürzere Aufbewahrungspflicht für Dokumente: Begünstigte müssen Unterlagen von EU-geförderten Projekten höchstens drei Jahre lang aufbewahren.

Berichte

In den Förderkriterien Ihres Geldgebers finden Sie die genauen Richtlinien, welche Berichte wann gefordert sind.

Es wird dabei in Zwischen- und Abschlussberichte unterschieden.
Ob mehrere Berichte gefordert sind, ist meist von der Höhe der Förderung und dem Förderzeitraum abhängig.

In einem Bericht werden die zu diesem Zeitpunkt erreichten Projektergebnisse sachlich dargestellt. Zeigen Sie hierbei auch Schwierigkeiten auf, die bei der Projektumsetzung auftauchten.

Erläutern Sie ausführlicher, warum es ggf. zu möglichen Abweichungen kam.

Erläutern Sie den zahlenmäßigen Verwendungsnachweis. Besonders ausführlich sind deutliche Änderungen (Mehr- oder Minderausgaben) für das gesamte Projekt nachzuweisen. Auch wenn Sie diese Änderungen oder Abweichungen mit Ihrem Fördergeber detailliert abgesprochen haben, muss dieser Sachverhalt im Bericht noch einmal dargestellt werden.

Stellen Sie in der Kurzbeschreibung des Projektes die einzelnen Aktivitäten und Maßnahmen vor, benennen Sie dabei die Anzahl der Teilnehmer und den zeitlichen Ablauf des Projektes.

Wenn zum Beispiel ein Engagement von Freiwilligen in diesem Projekt gewünscht wurde, dann erläutern Sie dies ausführlich und bringen es in Bezug zu Ihrem Förderantrag.

Erläutern Sie Ihre gemachten Erfahrungen und Ergebnisse Ihres Projektes. Orientieren Sie sich dabei an den Messwerten Ihrer Projektziele.
Zeigen Sie auf, welche Öffentlichkeitsarbeit Sie geleistet haben und welche Resonanz es auf Ihr Projekt gab.

Geben Sie Informationen für die Zeit nach Ablauf des Projektes und erläutern Sie, worin die Nachhaltigkeit besteht. Gibt es eine Weiterführung des Projektes mit anderen Mitteln?

Legen Sie als Anlage alle Materialien bei, die im Rahmen des Projektes erarbeitet oder veröffentlicht wurden wie Dokumentationen, Flyer, Plakate, Tonträger, Erfahrungsberichte, Presseartikel, Fotos usw.

Nach einem erfolgreichen Zwischenbericht gibt es meist eine weitere Ratenauszahlung von Fördermitteln.

Nach dem korrekten Abschlussbericht gibt es seitens des Fördergebers die Bestätigung über die erfolgreiche Beendigung des Projektes und die ordnungsgemäße Verwendung der Finanzmittel.

Grundregeln bei Förderung

- *Finanzierungshilfen jeglicher Art werden nicht automatisch gewährt, sie müssen beantragt werden.*
- *Es besteht kein Rechtsanspruch auf Förderung.*
- *Fördermittel können nicht eingeklagt werden.*
- *Beginnen Sie erst nach einer Förderzusage mit dem Projekt.*
- *Die Mittel, die bewilligt wurden, dürfen nur zweckgebunden verwendet werden. Alle Belege müssen gesammelt und ordentlich abgerechnet werden, es besteht eine grundsätzliche Nachweispflicht.*
- *Während des Projektes kann seitens des Fördergebers ein Zwischenbericht angefordert werden.*
- *Nach dem Projekt ist ein Abschlussbericht mit einer Gesamtabrechnung zu erstellen.*
- *Bei öffentlich geförderten Projekten besteht eine Veröffentlichungspflicht.*

Fehler und Stolpersteine

Es gibt bei der Antragstellung Fehler, die immer wieder auftauchen. Meist sind es sehr einfache, schnell zu behebende formale Fehler. Für diejenigen Stellen, welche die Anträge entgegennehmen und diese formal prüfen, ist es aber egal, wie banal der Fehler ist. Der jeweilige Antrag fällt heraus, egal, ob es sich um ein lohnenswertes Projekt handelt oder nicht. Deshalb ist es wichtig, den Antrag noch einmal genau zu prüfen, bevor er abgeschickt wird. Sie sollten dabei mindestens eine zweite Person zur Kontrolle heranziehen, es wäre sehr schade, aus rein formalen Gründen eine Absage zu erhalten.

In der Regel erfahren Sie nicht, warum Ihr Antrag abgelehnt wurde. Sie bekommen meist eine Art Musterschreiben mit der Information, aber keine Auskunft über den Grund der Ablehnung.

Im Antrag und den dazu gehörigen Förderbedingungen und Richtlinien sind alle geforderten Unterlagen aufgelistet ebenso die Form des Antrags. Ausgenommen sind dabei formlose Anträge, die bei einigen Stiftungen möglich sind.
Nachfolgend listen wir Ihnen die Fehler auf, die unserer Erfahrung nach am häufigsten auftreten:

Deadline der Antragsabgabe

Zu jeder Ausschreibung gehört eine Deadline, also ein Datum der Antragsabgabe, das Sie unbedingt einhalten müssen. Bei einigen Fördergebern muss der Antrag zu diesem Termin im Haus sein, bei anderen genügt der Poststempel der Versendung. Erkundigen Sie sich im Vorfeld.

Anschreiben

Bei einigen Anträgen ist ein zusätzliches Anschreiben gefordert, dieses dürfen Sie nicht vergessen zu unterschreiben.

Vollständigkeit

Neben dem Antrag auf Förderung ist in der Regel bei Vereinen die Satzung gefordert sowie bei gemeinnützigen Einrichtungen eine Kopie des letzten Freistellungsbescheides (nicht älter als 3 Jahre) zur Bestätigung der Gemeinnützigkeit. In einigen Anträgen ist auch ein Tätigkeitsbericht der antragstellenden Einrichtung vorzulegen.

Unterschrift

Nicht jede Person darf einen Antrag unterschreiben, teilweise sind nur die Vorstände bei Vereinen sowie Geschäftsführer bei Unternehmen zeichnungsberechtigt. Anhand des Auszuges aus dem Vereinsregister ist für den Fördergeber der Zeichnungsberechtigte ersichtlich.

Anzahl der Antragsexemplare

Bei verschiedenen Ausschreibungen wird mehr als nur ein Antrag gefordert. Es ist die korrekte Anzahl einzureichen, dabei ist zu beachten, ob nur der Antrag oder die Gesamtunterlagen in vielfacher Ausführung gefordert sind. Dabei ist wichtig zu klären, ob es sich bei der geforderten Anzahl um Originale oder um Kopien handeln muss.

Sprache

Bei einigen Ausschreibungen (vorrangig bei europäischen Fördermitteln) ist der Antrag in mehreren Sprachen einzureichen. Dies ist auch bei der Deadline zu beachten und genügend Zeit für die Übersetzung einzuplanen.
Partnerinformationen

Bei Anträgen mit mehreren Projektpartnern (besonders bei Fördertöpfen der EU) sind von den jeweiligen Teilnehmern auch verschiedene Informationen gefordert. Tragen Sie rechtzeitig diese Unterlagen zusammen, um bei fehlerhaftem Material noch genügend Zeit zur Korrektur zu haben. Bedenken Sie dabei die Dauer des

Postweges, da einige Unterlagen original unterschrieben sein müssen, also nur über den Postweg zu senden sind.

Antragsberechtigung

Überprüfen Sie anhand der Förderbedingungen und Förderrichtlinien, ob Sie für die Ausschreibung die Antragsberechtigung haben. Bei Anträgen auf EU-Mittel kann es vorkommen, dass zwar die Projekte mit mehreren Partnern aus verschiedenen Ländern durchgeführt werden, der Hauptantragsteller aber nur aus einem speziellen Land kommen darf.

Abschlusskontrolle

Vor dem Absenden der Unterlagen kontrollieren Sie noch mal zur Sicherheit, ob die Unterschriften auf allen dafür vorgesehenen Seiten vorliegen und vergleichen Sie anhand der Ausschreibung die Anschrift auf dem Brief. Manche Fördergeber haben verschiedene Zweigstellen, aber nur eine Adresse für die Anträge.

Wir hoffen, Sie haben Ihren Antrag vollständig und formal korrekt eingetütet.
Jetzt wünschen wir viel Erfolg!

Stiftungen in der Bundesrepublik Deutschland

Eine Stiftung ist eine Einrichtung, die mit Hilfe eines Vermögens einen vom Stifter festgelegten Zweck verfolgt. Dieser Zweck ist in einer Satzung festgeschrieben. Die meisten Stiftungen in der Bundesrepublik dienen gemeinnützigen Zwecken.

Unter den verschiedenen Stiftungsarten ist die häufigste die Rechtsfähige Stiftung bürgerlichen Rechts mit einem Gründungskapital von mindestens 50.000 €.

In dieser Art der Stiftung wird das Vermögen auf Dauer erhalten und es werden nur die Erträge aus dem Stammkapital für Umsetzung und Verwirklichung des vom Stifter festgelegten Zwecks verwendet. Stiftungen können in verschiedenen rechtlichen Formen und zu jedem legalen Zweck errichtet werden.

Hierbei unterscheidet man in privates Recht und öffentliches Recht. Zu den öffentlich-rechtlichen Stiftungen gehören z.B. Landesstiftungen, Kommunale Stiftungen und Kirchliche Stiftungen. Zu den privatrechtlichen Stiftungen gehören unter anderem die Rechtsfähige Stiftung bürgerlichen Rechts, die Unternehmensstiftung, die Familienstiftung, die Bürgerstiftung und als rechtlich nicht selbstständige Stiftung – die Treuhandstiftung.

Eine rechtlich selbstständige Stiftung hat eine Satzung, die unter anderem die Zwecke und die Art ihrer Verwirklichung festschreibt. Nach außen wird die Stiftung von einem Vorstand vertreten (der auch anders bezeichnet sein kann), es können satzungsgemäß aber auch zusätzliche Organe und Gremien eingerichtet werden. Im Unterschied zu einem Verein hat eine rechtsfähige Stiftung keine Mitglieder und unterliegt der staatlichen Stiftungsaufsicht.

Rechtsfähige Stiftungen bürgerlichen Rechts stehen unter staatlicher Aufsicht und garantieren somit den dauerhaften Bestand der Stiftung und die Berücksichtigung des Stifterwillens.

Jede natürliche Person, die nach dem Gesetz voll geschäftsfähig ist (das 18. Lebensjahr erreicht hat), kann eine Stiftung gründen, ebenso jede juristische Person wie zum Beispiel die GbR, die GmbH und der Verein.

Die meisten Stiftungen in Deutschland dienen gemeinnützigen Zwecken, was auch steuerliche Folgen hat. Sie sind im Rahmen der Gemeinnützigkeit befreit von der Körperschaftssteuer.

Die Einnahmen einer gemeinnützigen Stiftung können sich somit zusammensetzen aus den Zinsen, Dividenden des Stammkapitals, aus Gewinnen von Aktienverkäufen, aus Mieteinnahmen, aus Zustiftungen, Spenden usw. Alle diese Einkommensarten sind von der Körperschaftssteuer befreit.

Die Stiftungsaufsicht prüft jährlich die Einhaltung der Stiftungssatzung, den Vermögenserhalt und die landesrechtlichen Anforderungen an die Geschäftsfähigkeit, die Finanzverwaltung prüft die Mittelverwendung und die Einhaltung der Anforderungen der Gemeinnützigkeit.

Wie fördern Stiftungen?

Es wird unterschieden in Stiftungen, die fördernd, und Stiftungen, die operativ tätig sind.
Wichtig dabei ist es, vor der Antragstellung eine Voranfrage diesbezüglich zustellen. In den meisten Fällen ist diese Information aber auf der Website der Stiftung ersichtlich.

operativ tätige Stiftungen: Diese Stiftungen fördern ihre eigenen Projekte. Es können keine Anträge auf Förderung bewilligt werden. Ob eine Zusammenarbeit oder eine Beratung durch die Stiftung möglich ist, muss telefonisch im persönlichen Kontakt recherchiert werden, eine finanzielle Förderung ist weitestgehend ausgeschlossen. Es sei denn, Ihr Projekt ist von so großem Interesse für die jeweilige Stiftung, dass Ihr Projekt Teil des Stiftungsprogramms wird.

Einige Stiftungen haben dabei teilweise in ihren Programmen wechselnde Schwerpunkte, deshalb lohnt es sich, auch hin und wieder einen Blick darauf zu werfen.

Grundregeln der Stiftungsförderung

Stiftungen fördern meist zeitlich befristete Projekte.

Eine Förderung ist i.d.R. nur möglich, wenn das beantragte Projekt noch nicht begonnen hat.
Stiftungen fördern nach dem Prinzip der Fehlbedarfsförderung.
Dies bedeutet, dass Sie weitere Unterstützer und Förderer/Drittmittel oder genügend Eigenmittel für Ihr Projekt haben müssen, da Sie nicht 100% der Gesamtsumme beantragen können.
Nur sehr wenige Stiftungen fördern bis zu 100%.

Stiftungen fördern in der Regel regional, diese Information ist entweder telefonisch zu erfragen oder in der Präsentation der Stiftung erkennbar.

Der Stiftungszweck muss mit dem zu fördernden Projekt übereinstimmen.
Stellen Sie Ihre Anträge rechtzeitig, da in einigen Stiftungen die Gremien nur ein- bis zweimal jährlich entscheiden.

Planen Sie diese Bearbeitungszeit im Projektkonzept mit ein.

Achten Sie bei Antragstellung auf die Förderkriterien. Wer ist antragsberechtigt (wie z.B. gemeinnützige Organisationen, Institutionen, juristische Personen)?

Achten Sie auf die Form der Antragstellung. Gibt es Formulare oder sind die Anträge formlos zu stellen?

Stiftungen zahlen in der Regel einen Vorschuss nach Förderzusage, teilweise bis 80% der zugesagten Summe. Die restlichen 20% erhalten Sie dann nach ordnungsgemäßer Rechnungslegung, Zwischen- und Abschlussbericht.

Schwerpunkte der Stiftungsförderung

- *Bildung und Erziehung*
- *Kunst und Kultur*
- *Altenhilfe*
- *Wissenschaft und Forschung*
- *Jugendhilfe*
- *Völkerverständigung*
- *Umweltschutz*

Sie sind mit Ihren Anfragen und Anträgen bei einer fördernden Stiftung kein Bittsteller. Diese Einrichtungen benötigen gute Projekte, um den vom Stifter festgelegten Zweck verwirklichen zu können. Scheuen Sie sich nicht, zum Telefon zu greifen, um Kontakt mit dem möglichen Kooperationspartner Ihres Projektes herzustellen. Die konkreten Ansprechpartner finden Sie auf den Informationsseiten der jeweiligen Stiftung.

In Deutschland gibt es z.Z. über 20.000 Stiftungen und jährlich kommen über 600 Stiftungen hinzu. Dabei ist die Spanne der Vermögen sehr breit. Schauen Sie bei Ihrer Recherche z.B. auf die jährlichen Ausgaben der Stiftung für die Projektförderung, um zu erkennen, welche Mittel grundsätzlich zur Verfügung stehen. Wenn sie diese Informationen nicht finden, können Sie sie auch telefonisch bei der Stiftung erfragen.

In Europa gibt es momentan nach Schätzungen des European Foundation Centre ca. 110.000 Stiftungen. Die Anzahl der Stiftungen sind in den einzelnen Ländern sehr unterschiedlich. So existieren zum Beispiel in Tschechien derzeit knapp 400 gemeinnützige Stiftungen, dagegen in Ungarn fast 17.000, in Spanien und der Schweiz sind es jeweils um die 13.000 Stiftungen, in Frankreich hingegen nur etwas 2.300.

Die jeweiligen Stiftungstypen unterscheiden sich stark voneinander, deswegen sind vergleichbare Aussagen kaum möglich. So gibt es bei den rechtlichen Rahmenbedingungen, d.h. den Vorgaben zu Stiftungszwecken und den steuerlichen

Konditionen für gemeinnützige Stiftungen große Unterschiede. Gemeinsam ist ihnen, dass sie alle unabhängige Organisationen ohne Mitglieder sind und über eine eigene Einkommensquelle verfügen.

Nach vorsichtigen Schätzungen soll das Vermögen der gemeinnützigen europäischen Stiftungen bei rund 350 Milliarden € liegen und die Gesamtausgaben pro Jahr in Höhe von 83 Milliarden €. Stiftungen haben mittlerweile ein enormes ökonomisches Gewicht. Und das Stiftungswesen entwickelt sich in Europa weiter in rasantem Tempo. Mehr als 40 Prozent der heutigen Stiftungen sind jünger als 15 Jahre. In einigen europäischen Ländern hat sich die Zahl der Stiftungen innerhalb der vergangenen zehn Jahre fast verdoppelt wie zum Beispiel in Frankreich und in der Bundesrepublik Deutschland, in der Slowakei sogar verdreifacht.

Stiftungen – eine kleine Auswahl

Aktion Mensch

Fördergebiet – bundesweit

Bereiche

Behindertenhilfe, Behinderung, Integration, Soziales, Chancengleichheit, Kinder, Jugendliche, Sport, Inklusion, Soziale Benachteiligung

Anschrift

Deutsche Behindertenhilfe-Aktion Mensch e.V.
Bereich Förderung
Heinemannstraße 36
53175 Bonn
Tel: 0228 / 20 92 51 30
E-Mail: foerderung@aktion-mensch.de
Web: www.foerderung.aktion-mensch.de

Ansprechpartnerinnen:

Ute Schmidt
Tel: 0228 / 20 92 52 72
E-Mail: ute.schmidt@aktion-mensch.de
Anne Plitek
Tel: 0228 / 20 92 52 82
E-Mail: anne.plitek@aktion-mensch.de

Wer wird gefördert?

Die Förderung der Aktion Mensch unterstützt Vorhaben von freien gemeinnützigen Einrichtungen und Organisationen für Menschen mit Behinderung, Menschen in besonderen Lebensverhältnissen mit besonderen sozialen Schwierigkeiten sowie Kinder und Jugendliche.

Was wird gefördert?

Es gibt Programme im Bereich Basisförderung, dazu zählen Zuschüsse für Lehr- und Lernmaterial, Spiel und Fördermaterialien, Fahrzeuge und Bildungsmaß-nahmen. Weiterhin gibt es die Impulsförderung. Dazu gehören Projekte der Integration in Arbeit und Projekte in Osteuropa und es gibt den Förderbereich Kinder und Jugendhilfe, dieser ist in Starthilfezuschüsse für Projekte und Zuschüsse für Projekte unterteilt.

Antragstellung

Jeder Antrag auf Förderung, der inhaltlich überzeugt und den Förderrichtlinien der Aktion Mensch entspricht, hat eine Chance bewilligt zu werden.
Aufgrund begrenzter Fördermittel kann jedoch nicht jeder Antrag, der formal die Richtlinien erfüllt, bewilligt werden. Anträge, die konzeptionell in Details nicht überzeugen, können nach Überarbeitung zu einem späteren Zeitpunkt erneut eingereicht werden.
Anträge auf Förderung werden bei Aktion Mensch online gestellt und sind barrierefrei zugänglich.

Förderhöhe

Öffentliche Mittel sind von den Gesamtkosten abzuziehen. Die danach verbleibenden Kosten sind Berechnungsgrundlage für die Eigenmittel und den Zuschuss.

An den förderfähigen Gesamtkosten von Projekten gemäß der Ziffern I. 1. bis 9. kann sich die Aktion Mensch mit Zuschüssen von bis zu 70% der förderfähigen Gesamtkosten zuzüglich einer Verwaltungskostenpauschale in Höhe von 20% auf den Zuschuss beteiligen.
An Investitionen nach Ziffer II. 1. d) und e) kann sich die Aktion Mensch in der Regel mit Zuschüssen von bis zu 30% der förderfähigen Gesamtkosten beteiligen.

An behinderungsbedingten Mehrkosten kann sich die Aktion Mensch mit Zuschüssen von bis zu 70% der förderfähigen Gesamtkosten beteiligen.
Ehrenamtliche Leistungen können bis zu 10% der förderfähigen Gesamtkosten anerkannt werden, sofern die Gesamtkosten 50.000 € nicht übersteigen (s. Antragsformular).

Leistungen nach § 34 SGB IX „Teilhabe am Arbeitsleben" für im Projekt eingesetzte Mitarbeiter müssen als Eigenmittel des Trägers ausgewiesen werden.

Der Höchstzuschuss für ein Projekt beträgt inklusive Verwaltungskostenpauschale 250.000 € für die gesamte Laufzeit.

Förderzeitraum

Die Dauer eines Projekts beträgt in der Regel maximal 3 Jahre. Für die Förderung von infrastrukturbildenden Maßnahmen der Starthilfe gilt ein Förderzeitraum von bis zu 4 Jahren. Nach Antragstellung und vor einer Bewilligung können Projekte nur auf eigenes Risiko begonnen werden.

Neues Förderprogramm

„Noch viel mehr vor"
Fördervoraussetzungen
Sie vertreten eine freie gemeinnützige Organisation?
Sie haben eine Idee zum Thema Inklusion im Bereich Barrierefreiheit, Bildung, Freizeit, gesellschaftliches Engagement, Gesundheit, Kunst und Kultur, Sport, Aktionen zum 5. Mai?
Für Ihre Projektidee benötigen Sie bis zu 5.000 €?
Sie können Ihre Projektidee innerhalb eines Jahres realisieren?

Unter Inklusion versteht die Aktion Mensch, dass jeder Mensch vollständig und gleichberechtigt an allen gesellschaftlichen Prozessen teilnehmen kann – und zwar von Anfang an und unabhängig von seinen individuellen Fähigkeiten, seiner ethnischen sowie sozialen Herkunft, seines Geschlechts oder seines Alters. Insofern bezieht sich Inklusion auf alle Menschen.

Allianz Kulturstiftung

Fördergebiet – international

Bereiche
Kunst, Kultur

Anschrift
Allianz Kulturstiftung
Pariser Platz 6
10117 Berlin (Geschäftsstelle)
Tel: 030 / 20 91 57 31 30
Fax: 030 / 20 91 57 31 40
E-Mail: kulturstiftung@allianz.de
Web: https://kulturstiftung.allianz.de/

Wer wird gefördert?
Gemeinnützige Organisationen

Was wird gefördert?
Die Allianz Kulturstiftung wendet sich in erster Linie an den akademischen und künstlerischen Nachwuchs in Europa. Unterstützt werden vornehmlich Kooperationsprojekte, an denen Partner aus mindestens drei Ländern beteiligt sind. Neben der erforderlichen künstlerischen, wissenschaftlichen bzw. pädagogischen Qualität muss der Projektantrag verdeutlichen, dass die beteiligten Einrichtungen eine gemeinsame finanzielle und inhaltliche Verantwortung übernehmen und auf Augenhöhe miteinander kooperieren. Besonderes Augenmerk verwendet die Allianz Kulturstiftung dabei auf Projekte, welche die beteiligten Künstler und Kultureinrichtungen in Europa langfristig miteinander vernetzen.

Innerhalb Europas setzt die Allianz Kulturstiftung regionale Schwerpunkte. Neben den Ländern Mittel- und Südosteuropas liegt der Fokus in den kommenden Jahren auf dem Mittelmeerraum. Der Förderschwerpunkt liegt auf gattungs- und medienübergreifenden zeitgenössischen Konzepten, die neue Ansätze in Kunst,

Kultur und Bildung einbeziehen. Die Projekte können auch Werkstattcharakter haben, wobei der aktiven Wissensproduktion und dem Erfahrungsaustausch zwischen den Teilnehmern ähnliche Bedeutung beigemessen wird wie dem Endergebnis selbst. Geförderte Projekte sollten darüber hinaus so angelegt sein, dass sie längerfristig über das Fachpublikum hinaus Breitenwirkung erzielen.

Was wird nicht gefördert?

- → *Unterstützung von Einzelpersonen und Institutionen, sofern diese nicht Partner spezieller Projekte der Allianz Kulturstiftung sind*
- → *Vergabe von Stipendien*
- → *Förderung von einzelnen externen Publikationen*
- → *Förderung von Produktionen (Film, Theater, Tanz, Oper, Ausstellungen, etc.)*
- → *Institutionelle Förderung ohne konkreten Projektbezug (z. B. Renovierungen, Instrumente, technische Ausstattung und Immobilienerwerb)*
- → *Refinanzierung bereits abgeschlossener Projekte*
- → *Veranstaltungen im Unterhaltungsbereich oder solche, bei denen die Allianz Kulturstiftung im Sinne kommerzieller Sponsoringaktivitäten angefragt wird.*

Antragstellung

Anträge müssen im laufenden Jahr bis 31.März gestellt werden, um für das darauf folgende Jahr Fördermittel für das Projekt zu erhalten.
Es wird darum gebeten, die Anträge sowohl per E-Mail als auch postalisch einzureichen. Die eigentliche Bewerbung sollte dabei nicht mehr als fünf Seiten umfassen. Aus dem Budgetplan sollte klar erkennbar sein, welche konkrete Teilsumme bei der Allianz Kulturstiftung für welche Zwecke beantragt wird. Zusätzlich dazu bitten wir Sie, das rechts oben angegebene einseitige „Projektblatt" auszufüllen. Die Vollfinanzierung eines Projekts durch die Stiftung ist grundsätzlich ausgeschlossen. (mögliche Finanzierung max. 50 Prozent)

Sonderaktion

Die Aktion KulturAllianzen

Neben internationalen Kulturprojekten fördert die Allianz Kulturstiftung auch kleinere regionale Projekte im Rahmen der ‚Aktion KulturAllianzen' bis zu einer

Höhe von 2.250 €. Voraussetzung dafür ist das Engagement eines Allianz-Vertreters vor Ort, der das Projekt mit einem Drittel der beantragten Fördersumme selbst unterstützen muss und den Antrag bei der nächsten Allianz-Zweigstelle einreicht. Findet eine Befürwortung des Projekts von Seiten der Allianz-Zweigstelle statt, setzt sich diese direkt mit der Allianz Kulturstiftung in Verbindung. Nach Bewilligung des Projektes übernimmt die Allianz Kulturstiftung zwei Drittel der Projektkosten (ein Drittel finanziert der beteiligte Vertreter).

Besonders aussichtsreich sind Projekte, die Jugendliche als Zielgruppe haben bzw. den europäischen Austausch fördern. Projekte, die diesen Bereichen entsprechen, sind z.B.: Gestaltungen von Schüler- und Jugendzeitungen, Konzerte, Lesungen, Prosa- und Lyrikfestivals, Tanz- und Malwettbewerbe.

Allianz-Umweltstiftung

Fördergebiet – bundesweit

Bereiche

Umwelt- und Klimaschutz, Leben in der Stadt, Nachhaltige Regionalentwicklung, Biodiversität, Umweltkommunikation

Anschrift

Allianz Umweltstiftung
Pariser Platz 6
10117 Berlin
Tel: 030 / 20 67 15 95 – 50
Fax: 030 / 20 67 15 95 – 60
E-Mail: info@allianz-umweltstiftung.de
Web: https://umweltstiftung.allianz.de/

Wer wird gefördert?

Aus stiftungsrechtlichen Gründen darf die Allianz Umweltstiftung nur gemeinnützige Organisationen und Einrichtungen unterstützen.
Eine Unterstützung von Privatpersonen ist nicht möglich.

Die Allianz Umweltstiftung ist nur in Deutschland tätig.

Was wird gefördert?

- *Natur-, Artenschutz und Landschaftspflege*
- *Lebendige Gewässer*
- *Grün in Städten, Gartenkunst*
- *Umweltkommunikation*

Was wird nicht gefördert?

- *Studien-, Diplom- und Doktorarbeiten*
- *Publikationen*
- *Veranstaltungen (Workshops, Symposien, Tagungen)*
- *die Erstellung von Konzepten und Planungen*
- *Imagekampagnen*
- *Werbung und Öffentlichkeitsarbeit*

Die Allianz Umweltstiftung vergibt keine Zuschüsse zu Reise-, Sach-, Betriebs- und Personalkosten, auch pauschale Zuwendungen an Dritte sind nicht möglich. Der Kauf und die Pacht von Grundstücken sind ebenso von einer Unterstützung ausgeschlossen.

Antragstellung

Anträge an die Allianz-Umweltstiftung können formlos als Projektskizze eingereicht werden. Diese sollte auf drei bis vier Seiten Angaben über Ziele, Inhalte, Dauer und Kosten des Projektes sowie den oder die Projektpartner enthalten. Wegen der besseren Lesbarkeit wird um eine linksbündige Formatierung (rechts Flatterrand) gebeten.
Auf Grundlage dieser Projektskizze prüft die Stiftung, ob das Vorhaben für eine Unterstützung durch die Allianz-Umweltstiftung in Frage kommt.
Sollte das zutreffen, erarbeitet die Stiftung gemeinsam mit dem Antragsteller einen detaillierten Projektantrag, der dem Stiftungskuratorium zur Entscheidung vorgelegt wird.

Deutscher Klimapreis

Mit dem Deutschen Klimapreis will die Allianz Umweltstiftung das aktive Klimaschutz-Engagement von Schulen auszeichnen. Er wird jährlich verliehen und soll Schüler wie Lehrer dazu motivieren, sich dem wichtigen Thema „Klimaschutz“ mit Spaß und positivem Engagement zu widmen. Der Deutsche Klimapreis der Allianz Umweltstiftung besteht aus fünf gleichwertigen Auszeichnungen, die mit jeweils 10.000 € dotiert sind. Zusätzlich erhalten alle weiteren Beiträge, die es unter die Top 20 schaffen, einen Anerkennungspreis von jeweils 1.000 €.

Amadeu-Antonio-Stiftung

Fördergebiet – bundesweit

Bereiche

Antirassismus, politische Bildung, Zivilgesellschaft, Rechtsextremismus, Antisemitismus, demokratische Jugendarbeit

Anschrift

Amadeu-Antonio-Stiftung
Linienstraße 139
10115 Berlin
Tel: 030 / 24 08 66 10
Fax: 030 / 24 08 66 22
E-Mail: info@amadeu-antonio-stiftung.de
Web: www.amadeu-antonio-stiftung.de
Ansprechpartner: Timo Reinfrank

Wer wird gefördert?

- → *Vereine*
- → *Netzwerke gegen Rechtsextremismus*
- → *Selbstorganisierte Jugendliche*
- → *Kirchengemeinden*
- → *Schulen, bzw. Schüler, Lehrer oder Studenten*

- *Schülerclubs*
- *Bürgerinitiativen*
- *kommunale Ausländerbeauftragte*

Was wird gefördert?

- *Kofinanzierung von Personalkosten und Honoraren*
- *Sachmittel*
- *Reisekosten (nicht ins Ausland)*

Antragstellung

Anträge können formlos gestellt werden.

Fördersumme

Bei einer Fördersumme bis 2.500 € beträgt die Bearbeitungszeit 6-8 Wochen.
Über 2.500 € wird zweimal jährlich entschieden (halbjährliche Tagung von Entscheidungsgremien).

Antragsfristen

Unter 2.500 € können Anträge regelmäßig eingereicht werden, darüber ist Antragsschluss zum 30.06. - und zum 30.12.
Danach ist mit einer dreimonatigen Bearbeitungszeit zu rechnen.

Beispielprojekte

Modellprojekte für Schulen, die demokratische Erziehung bzw. interkulturelles Lernen als Schwerpunkt haben, jugendkulturelle Aktivitäten im Bereich Musik als demokratische Gegenkultur zur rechten Musikszene, weiterhin ebenso Kurse im sportlichen Bereich wie Selbstverteidigung.

Andreas –Mohn-Stiftung

Fördergebiet – bundesweit

Bereiche

Wissenschaft und Forschung, Jugend- und Altenhilfe, Religion, Umweltschutz, Behindertenhilfe, Kunst und Kultur, Erziehung und Bildung, Fürsorge für Strafgefangene und ehemalige Strafgefangene, Sport , Gesundheit- und Wohlfahrtswesen

Anschrift

Andreas-Mohn-Stiftung
Postanschrift
Andreas-Mohn-Stiftung
Obernstraße 23
33602 Bielefeld
Tel: 0521 / 96 74 08 0
Fax: 0521 / 96 74 08 20
E-Mail: info@andreas-mohn-stiftung.de
Web: www.andreas-mohn-stiftung.de

Wer wird gefördert?

Initiativen, Institutionen, Vereine

Was wird gefördert?

Die Förderung von Wissenschaft und Forschung, der Jugend- und Altenhilfe, der Religion, des Umweltschutzes, der Hilfe für Behinderte, von Kunst und Kultur, Erziehung und Bildung, der Fürsorge für Strafgefangene und ehemalige Strafgefangene, des Sports sowie des Gesundheits- und Wohlfahrtswesens.

Antragstellung

Der Antrag soll beinhalten:

Zusammenfassung, Projektbeschreibung, Zielsetzung des Projektes und Messbarkeit des Erfolges, Kosten- und Finanzierungsdarstellung mit Zeitplan, Zweckbindung, Angaben zum verantwortlichen Projektbetreuer und der Institution

Audi Stiftung für Umwelt GmbH

Fördergebiet – bundesweit

Bereiche
Natur- und Umweltschutz, Wissenschaft und Forschung

Anschrift
Audi Stiftung für Umwelt GmbH
85045 Ingolstadt
Ansprechpartner: Dr. Dagobert Achatz
Tel: 0841 / 8 93 44 44
E-Mail: info@audi-stiftung-fuer-umwelt.de
Web: www.audi-umweltstiftung.de

Wer wird gefördert?
Gemeinnützige Einrichtungen, Projekte

Was wird gefördert?
Projekte, die

- ➔ *nicht allein die Natur bzw. die Umwelt im Blick haben*
- ➔ *auf eine nachhaltige Verbesserung der Umwelt abzielen,*
- ➔ *Umweltaspekte mit bildungsbezogenen Anliegen verknüpfen,*
- ➔ *als Modellprojekt Vorbildcharakter für andere Einrichtungen darstellen,*
- ➔ *den Natur- und Umweltschutz weiterentwickeln*

Nicht gefördert werden
- ➔ *Veranstaltungen (Workshops, Tagungen, etc.)*
- ➔ *Imagekampagnen, Werbung und Öffentlichkeitsarbeit*

Antragstellung
Anträge an die Audi Stiftung für Umwelt GmbH können jederzeit formlos als Projektskizze eingereicht werden und sollten auf 3-4 Seiten zumindest folgende Angaben enthalten:

- *Ziele, Inhalte, Dauer und Kosten des Projektes*
- *den oder die Projektpartner*
- *Nachweis der Gemeinnützigkeit*

Auerbach Stiftung

Fördergebiet – bundesweit, Österreich und Schweiz

Bereiche

Bildung, Behindertenhilfe, Jugendliche, Senioren, Kultur, Soziales, gg. Gewalt

Anschrift

Auerbach Stiftung
Frankenstraße 152
90461 Nürnberg
Tel 07542 / 94 67 70
Fax: 07542 / 94 67 72 0
E-Mail: antrag@auerbach-stiftung.de
Web: www.auerbach-stiftung.de

Wer wird gefördert?

Mildtätige und gemeinnützige Organisationen

Was wird gefördert?

Die Bereiche Kinder- und Jugendhilfe, Altenhilfe, Behindertenhilfe, Bildung und Erziehung, Wissenschaft und Forschung, Kunst und Kultur

Antragstellung

Anträge für Förderprojekte sind bei der Auerbach Stiftung schriftlich zu stellen. Für die inhaltliche Auseinandersetzung mit Ihrem Antrag ist es hilfreich, wenn die Zielsetzung des zu fördernden Projektes auf den ersten Blick erkennbar ist. Die Anträge sind bis zum 30. Juni für das Folgejahr einzureichen.
Personalkosten werden schwerpunktmäßig gefördert.

Bewegungsstiftung

Fördergebiet – bundesweit

Bereich

Bildung, Erziehung, Studentenhilfe, Bürgerschaftliches Engagement, Demokratisches Staatswesen, Gleichberechtigung von Frauen und Männern, Mildtätig, Sonstige gemeinnützige Zwecke (u.a. Suchdienst), Umweltschutz/Naturschutz/Landschaftspflege, Verfolgten-/Flüchtlings-Vertriebenen-/Aussiedlerhilfe, Völkerverständigung

Anschrift

Bewegungsstiftung
Artilleriestraße 6
27283 Verden
Tel: 04231 / 95 75 40
Fax: 04231 / 95 75 41
E-Mail: info@bewegungsstiftung.de
Web: www.bewegungsstiftung.de

Wer wird gefördert?

Gemeinnützige Organisationen können Anträge stellen. Nicht gemeinnützige Organisationen können Anträge stellen, wenn das Vorhaben in direkter Kooperation mit der Bewegungsstiftung durchgeführt wird.

Was wird gefördert?

Die Stiftung fördert vor allem mittel- und langfristige Kampagnen, Maßnahmen also, die sich über einen längeren Zeitraum erstrecken und im öffentlichen Raum mit einer Forderung zu einer gesellschaftlichen Veränderung präsent werden. Ein Zuschuss wird für Kampagnen im Allgemeinen vergeben. Die Stiftung prüft nicht, in welche Einzelmaßnahme das Geld fließt, sondern inwieweit das politische Ziel erreicht worden ist.

Förderstrategie

Die Bewegungsstiftung und die Stiftung bridge vergeben zwei Formen der Förderung: die Kampagnenförderung und die Basisförderung. Für eine Basisförderung können sich nur Organisationen bewerben, mit denen wir bereits vertrauensvoll zusammengearbeitet haben. Für eine Kampagnenförderung können sich alle interessierten Organisationen bewerben.

Antragstellung

Ein Antrag darf vier Seiten nicht überschreiten und muss zusammen mit einer Kosten- und Finanzaufstellung (max. eine Seite) per Mail in einer PDF an folgende Adresse geschickt werden: antrag@bewegungsstiftung.de. Der Antrag soll nicht per Post geschickt werden! Die verwendete Schriftgröße darf nicht kleiner sein als 11 pt. Es muss ein Seitenrand von 2 cm zu allen Seiten eingehalten werden. Diese strengen formalen Kriterien sollen gewährleisten, dass alle Anträge die gleiche Chance haben, sich zu präsentieren und unsere ehrenamtlich arbeitenden Gremien nicht durch zu lange Anträge überlastet werden.
Bitte beachten Sie: Anträge, die diese Vorgaben nicht erfüllen, werden ohne Berücksichtigung des Inhalts aus formalen Gründen abgelehnt.
Antragsschluss für die Bewegungsstiftung ist jeweils der erste Dienstag im April und September.
Nach Antragsschluss dauert es in der Regel acht Wochen, bis die Gremien der Stiftung entschieden haben. Wir informieren die Antragssteller dann über das Ergebnis.

Förderhöhe

Zuschüsse sind in den vergangenen Jahren in der Regel zwischen 3.000,- € und 30.000,- € pro Jahr vergeben worden.

BHF-Bank-Stiftung

Fördergebiet – bundesweit

Bereiche

Kunst, Kultur, Kinder, Jugendliche, Altenhilfe, Wissenschaft

Anschrift

BHF-Bank-Stiftung
Bockenheimer Landstraße 10
60323 Frankfurt am Main
Tel: 069 / 71 83 44 2
Fax 069 / 71 83 41 0
E-Mail: stiftung@bhf-bank.com
Web: www.bhf-bank-stiftung.de

Wer wird gefördert?

Projekte und Initiativen

Was wird gefördert?

Projektförderung in den Bereichen
Hilfe für alte Menschen sowie der Hilfe für Kinder und Jugendliche, Forschungsvorhaben mit sozialpolitischem Hintergrund die zeitgenössischen Künste (Literatur, Musik, bildende und darstellende Kunst), die ästhetische Bildung und den künstlerischen Nachwuchs.

Antragstellung

Anträge können formlos gestellt werden.

Bundesliga – Stiftung

Fördergebiet – bundesweit

Bereich

Sport, Kinder, Jugendliche, Integration, Inklusion, Behindertenhilfe

Anschrift

Bundesliga – Stiftung
Eschersheimer Landstraße 10
60322 Frankfurt am Main
Tel: 069 / 71 91 59 67 0

Fax: 069 / 71 91 59 67 99
E-Mail: info@bundesliga-stiftung.de
Web: www.bundesliga-stiftung.de

Wer wird gefördert?
Gemeinnützige Einrichtungen

Was wird gefördert?
Nachhaltige Projekte, welche in der Gesellschaft Veränderungen einleiten oder auf Dauer bewirken können. Projekte die Werte vermitteln die in der modernen Gesellschaft in den Hintergrund gedrängt werden. Die Bedeutung von Fairplay, Miteinander, Zuwendung, Mitgefühl, Toleranz und Solidarität soll durch gezielte Aktionen und die Unterstützung von Initiativen hervorgehoben, der Gesellschaft und insbesondere Kindern näher gebracht werden.

Was wird nicht gefördert?
Personal und Verwaltungskosten für den laufenden Geschäftsbetrieb, sowie Anträge von Privatpersonen.

Antragstellung
Über das Online-Antragsformular, es dient ausschließlich als Hinweis bzw. Anleitung, welche Informationen von Ihnen zur vollständigen Prüfung Ihres Antrags auf Projektförderung benötigt werden. Es ist in seiner Form nicht bindend. Nach erfolgter Absendung des Antrags erhalten Sie automatisch eine Eingangsbestätigung.

Checkpoint-Charlie-Stiftung

Fördergebiet – bundesweit – international

Bereich
Völkerverständigung

Zweck im Wortlaut: Pflege der deutsch-amerikanischen Beziehungen unter besonderer Berücksichtigung der Rolle der USA in Berlin in den Jahren 1945-1994. Der Stiftungszweck wird insbesondere verwirklicht durch Symposien, Gesprächskreise, Begegnungen der Bürger beider Länder sowie der Förderung von Schriften, welche die Pflege der deutsch-amerikanischen Beziehungen zum Gegenstand haben.

Anschrift

Checkpoint-Charlie-Stiftung
Wolfensteindamm 9
12165 Berlin
Tel: 030 / 84 49 06 0
Fax: 030 / 84 49 06 20
E-Mail: info@cc-stiftung.de
Web: www.cc-stiftung.de

Wer kann Anträge stellen?

Vereine und andere nichtstaatliche Organisationen, in Ausnahmefällen auch Einzelpersonen

Was wird gefördert?

Es werden bilaterale Projekte gefördert, welche die Pflege der deutsch-amerikanischen Beziehungen zum Gegenstand haben wie zum Beispiel:
Symposien, Gesprächskreise, Konferenzen, Begegnungen der Bürger beider Staaten, Schriften und Publikationen, Kulturelle Aktivitäten von Vereinen, Ausstellungen und Kunst- und Theaterprojekte.

Antragstellung

Das Formular der Stiftung ist zu verwenden und in zehnfacher kopierter Ausfertigung an die Stiftung zu senden, Anlagen wie Broschüren, Flyer, Drucksachen, CD sind in einmaliger Ausfertigung beizufügen.

Zusatz

Der Antrag ist spätestens drei Monate vor Projektbeginn einzureichen.

Stiftung Deutsches Hilfswerk

Fördergebiet – bundesweit

Bereiche

Soziales, Jugendliche, Senioren, Gesundheit, Kinder, Integration

Anschrift

Stiftung Deutsches Hilfswerk
Geschäftsstelle Köln
Lindenallee 13-17
50968 Köln
Tel: 02213 / 75 02 3
E-Mail: deutsches-hilfswerk@ard-fernsehlotterie.de
Web: www.ard-fernsehlotterie.de

Wer kann Anträge stellen?

Gemeinnützige Organisationen

Was wird gefördert?

Gefördert werden können Baumaßnahmen, Weiterbildungsmaßnahmen sowie Maßnahmen in Einrichtungen der Kinder-, Jugend-, Alten- und Gesundheitshilfe.

Antragsstellung

Wer keinem der Spitzenverbände angeschlossen ist, muss für eine Vorprüfung den Freistellungsbescheid/Vereinsregisterauszug, die Satzung bzw. den Gesellschaftervertrag, einen Kosten- und Finanzierungsplan, eine Projektbeschreibung und den Termin für den geplanten Maßnahmebeginn schriftlich einreichen.

Förderhöhe

Maximale Fördersumme 300.000 €
Baumaßnahmen können mit bis zu 33% der Gesamtkosten, Einrichtungskosten mit bis zu 50% gefördert werden.

Soziale Maßnahmen (Beratungsstellen, ambulante Dienste, familienentlastende Dienste) können ausschließlich in Form einer Starthilfe bis zu drei Jahren und in Höhe eines Zuschusses von maximal 100.000 € gefördert werden.

Für laufende Kosten (Personal- und Betriebskosten) wird keine Förderung bewilligt.

Dirk Nowitzki Stiftung

Fördergebiet – International

Bereiche

Kinder, Jugendliche, Sport, Entwicklungshilfe, Soziale Benachteiligung

Anschrift

Dirk Nowitzki Stiftung
Eichhornstraße 2
97070 Würzburg
Tel: 0931 / 41 79 39 12
Fax: 0931 / 41 79 39 13
E-Mail: info@dirk-nowitzki-stiftung.org
Web: www.dirk-nowitzki-stiftung.org

Wer wird gefördert?

Vereine oder Institutionen

Was wird gefördert?

Projekte mit mindestens dreijähriger Laufzeit die nachhaltig geplant sind. Schwerpunktmäßig Projekte in sozialen Brennpunkten, die Kindern und Jugendlichen die soziale Teilhabe durch Sport und Bewegung ermöglichen und so ihre Startvoraussetzungen für ein gutes Leben verbessern. Nur im Zusammenspiel von Bildungseinrichtungen, Vereinen und gemeinnützigen Organisationen kann dies gelingen – dafür machen wir uns stark!

Antragstellung
Online Formular auf der Homepage oder telefonische Kontaktaufnahme

Hans-Sauer-Stiftung

Fördergebiet – bundesweit

Bereiche
Kreativität, Erfindungswesen, Wissenschaft, Forschung

Anschrift
Hans-Sauer-Stiftung
Haus des Stiftens
Landshuter Allee 11
80637 München
Tel: 089 / 61 36 72 10
Fax 089 / 61 36 72 16
E-Mail: hss@hanssauerstiftung.de
Web: www.hanssauerstiftung.de

Wer wird gefördert?
Einzelerfinder, unabhängige Projektteams, Universitäten und Forschungseinrichtungen

Was wird gefördert?
Erfindungen die die Lebensqualität erhöhen, die Ressourcen schonen und die Um-welt entlasten.
Projekte die vernetztes und innovatives Denken und Handeln reflektieren

Antragstellung
PDF Online Formulare in drei verschiedenen Fördergrundsätzen auf der Homepage

Henry-Maske-Stiftung

Fördergebiet – bundesweit

Bereiche
Kinder, Jugendliche, Soziales, Ausbildung

Anschrift
Henry Maske - A PLACE FOR KIDS Stiftung
Hufelandstraße 33
10407 Berlin
Tel: 030 / 42 02 31 59
Fax: 030 / 42 02 31 60
E-Mail: info@henry-maske-stiftung.de
Web: www.henry-maske-stiftung.de

Was wird gefördert?
Bestehende oder noch zu errichtende Projekte zu unterstützen, in denen benachteiligten jungen Menschen aktiv geholfen wird. Gemeint sind Maßnahmen, die junge Menschen fördern und fordern, um ihre Gaben zu entdecken und ihre Persönlichkeit zu entfalten und zu stärken. Generelles Ziel eines jeden Projektes sollte dabei die Förderung von Eigenverantwortlichkeit und Kontinuität in alltäglichen Lebensbereichen der Kinder und Jugendlichen sowie die Heranführung an sinnvolle Beschäftigungen in Freizeit- und Arbeitsbereichen sein.

Antragstellung
Möglichst genaue Angaben zu folgenden Punkten sollten im Antrag enthalten sein:
Antragsteller (Name, Rechtsform, Gründungsjahr)
Vertretungsberechtigte/r
Konzeption des Gesamtprojekts
beantragte Fördersumme
genauer Zweck
Kostenaufstellung
Zweimal jährlich wird über eine Förderung entschieden

HIT Umwelt- und Naturschutz Stiftungs-GmbH

Förderbereich – bundesweit

Bereiche

Umwelt, Ökologie

Anschrift

HIT Umwelt- und Naturschutz Stiftungs-GmbH
Martinstraße 22
53909 Zülpich
Tel: 02252 / 83 66 72
Fax: 02252 / 83 66 74
E-Mail: info@hit-umweltstiftung.de
Web: www.hit-umweltstiftung.de

Wer wird gefördert?

Antragsteller muss gemeinnützig sein

Was wird gefördert?

Teilfinanzierungen in Form von Geld und Sachleistungen

Antragstellung

Anträge sind schriftlich zu stellen. Antragsformular steht auf der Homepage zum Download bereit

Golart-Stiftung

Fördergebiet – bundesweit

Bereiche

Die Stiftung fördert die bildenden Künste, die hiermit befassten Kunstschaffenden sowie kulturelle Einrichtungen.

Anschrift

Golart-Stiftung
Perfallstraße 1
81675 München
Tel: 089 / 47 44 74
Fax: 089 / 47 81 63
E-Mail: info@grcici-ziersch.de
Web www.grcic-ziersch.de

Wer kann Anträge stellen?

Junge Künstler im Bereich bildende Kunst

Was wird gefördert?

Es werden jährlich Stipendien vergeben oder Atelierzuschüsse, Druckkostenzuschüsse für Kataloge, Objektfinanzierung oder Beteiligungen an der Förderung auch mehrjähriger Ausbildungsprogramme.

Hypo – Kulturstiftung

Fördergebiet- bundesweit

Bereiche

Die Hypo-Kulturstiftung dient der Förderung kultureller Vorhaben und Einrichtungen

Anschrift

Hypo-Kulturstiftung
Theatinerstraße 8
80333 München
Tel: 089 / 37 84 28 09
Fax: 089 / 37 84 85 94
E-Mail: kontakt@hypo-kulturstiftung.de
Web: www.hypo-kulturstiftung.de

Wer kann Anträge stellen?

Personen aus kulturellen oder wissenschaftlichen Bereichen, die im Sinne der steuerlichen Vorschriften bedürftig sind.

Die Stiftung kann auch anderen ebenfalls steuerbegünstigten Körperschaften, Anstalten und Stiftungen oder einer geeigneten öffentlichen Behörde finanzielle oder sachliche Mittel zur Verfügung stellen, wenn diese Stellen mit den Mitteln Maßnahmen des Stiftungszweckes fördern.

Was wird gefördert?

Die ideelle und materielle Förderung kultureller Vorhaben und Einrichtungen in den Bereichen der Kunst, der Pflege und Erhaltung von Kulturwerten, der Denkmalpflege und des Brauchtums. Inbegriffen sind dabei Maßnahmen, die der Weckung und Verbreitung des Verständnisses der kulturellen Anliegen dienen. Gefördert werden ferner Wissenschaft, Forschung und Lehre.

Ausstellungen jüngerer, aber auch älterer, weniger bekannter Künstler, die in Museen, Ausstellungshäusern, Kunstvereinen, Berufsverbänden, Institutionen von Städten und Gemeinden gezeigt werden, erhalten dadurch Hilfe bei der Realisierung ihrer Initiativen.

Antragstellung

Ein Antrag kann schriftlich formlos gestellt werden.

Sonstiges

Vergabe von Preisen und Stipendien

Liz Mohn Kultur- und Musikstiftung

Fördergebiet – bundesweit

Bereiche

Kinder, Jugendliche, Kultur, Integration, Migration

Anschrift

Liz Mohn Kultur- und Musikstiftung

Carl-Bertelsmann-Straße 256
33311 Gütersloh
Tel: 05241 / 81 81 53 3
Fax: 05241 / 81 68 15 33
E-Mail: info@kultur-und-musikstiftung.de
Web: www.kultur-und-musikstiftung.de
Geschäftsführerin: Nadine Lindemann

Wer kann Anträge stellen?
Gemeinnützige Institutionen, Vereine, Verbände und Stiftungen

Was wird gefördert?
Es werden musisch orientierte Projekte zur Integration von Kindern und Jugendlichen gefördert.

Ausschreibung
Ideeninitiative „Integration durch Musik“

Die Integration von Menschen mit Migrationshintergrund und die Förderung des Verständnisses zwischen Menschen unterschiedlicher Kulturen sind zentrale Herausforderungen für unsere Gesellschaft. Im Sinne einer aktiven Bürgergesellschaft ist hierzu private Initiative, besonders auch in der Arbeit mit Kindern und Jugendlichen, gefordert. Diesen Ansatz greift die Liz Mohn Kultur- und Musikstiftung auf.

Finanzielles
Bis zu 15 Projektideen werden jährlich bis zu 5.000,- € gefördert.
(Förderhöhe maximal bis zu 80% der Gesamtkosten des Projektes)

Antragstellung
Antragsformulare sind auf der Website mit Beispielfragen gut erklärt

Mahle Stiftung GmbH

Fördergebiet – bundesweit - international

Bereiche

Umwelt, Bildung, Jugendliche, Ökologie

Anschrift

Mahle Stiftung GmbH
Leibnitzstraße 35
70193 Stuttgart
Tel: 0711 / 63 64 33 1
Fax: 0711 / 63 07 93
E-Mail: info@mahle-stiftung.de
Web: www.mahle-stiftung.de

Wer kann Anträge stellen?

Gemeinnützige Organisationen

Was wird gefördert?

- *Gesundheitspflege*
- *Jugendhilfe*
- *Erziehung, Volks- und Berufsbildung*
- *Wissenschaft und Forschung*
- *Sonderprojekte*
- *Internationaler Schwerpunkt Brasilien*

Antragstellung

Ein Antragsformular und weitere ausführliche Informationen sind auf der Website zu finden.

Sonstiges

Die Ausrichtung ist anthroposophisch.

Robert Bosch Stiftung GmbH

Fördergebiet – bundesweit, international

Bereiche

Jugendliche, Jugendaustausch, Kultur, Integration, Migration, Schule, Politische Bildung

Anschrift

Robert Bosch Stiftung GmbH
Heidehofstraße 31
70184 Stuttgart
Tel: 0711 / 46 08 40
Fax: 0711 / 46 08 41 09 4
E-Mail: info@bosch-stiftung.de
Web: www.bosch-stiftung.de

Wer wird gefördert?

Initiativgruppen, Bürgerbüros, Vereine, Schulen, Kita, Kirchengemeinden, Migrationsorganisationen

Was wird gefördert?

Sachkosten und Personalkosten, ausgeschlossen sind reine institutionelle Förderungen

Antragstellung

Zweistufiges Antragsverfahren

Erstanfragen werden geprüft in der Regel innerhalb von vier Wochen. Bei einer möglichen Förderung gibt es eine Aufforderung zur Konkretisierung des Antrages mit weiteren Hinweisen, dies bedeutet aber noch keine Förderzusage.

Software AG-Stiftung

Fördergebiet – bundesweit – international

Bereiche

Bildung / Erziehung, Menschen im 3. Lebensabschnitt, Soziales, Umwelt-, Natur-, Denkmalschutz

Anschrift

Software AG – Stiftung
Am Eichwäldchen 6
64297 Darmstadt
Tel: 06151 / 91 66 5 - 0
Fax: 06151 / 91 66 5 - 129
E-Mail: stiftung@sagst.de
Web: http://www.sagst.de/

Wer kann Anträge schreiben?

Gefördert werden gemeinnützige Vereine, Gesellschaften und Initiativen.

Was wird gefördert?

Neben Sachkosten können auch Honorar- und Personalkosten in den Bereichen Erziehung und Bildung, Kinder und Jugendhilfe, Behindertenhilfe, Altenhilfe, Naturhilfe, Wissenschaftsförderung gefördert werden.
Weiterhin können Kostenübernahmen für Baumaßnahmen und Investitionen beantragt werden.

Antragstellung

Förderung aufgrund eines formlosen schriftlichen Antrages mit folgenden Informationen

- ➔ *Bezeichnung des Projektträgers / Antragstellers*
- ➔ *die Rechtsform, Bankverbindung*
- ➔ *die vertretungsberechtigten Personen*
- ➔ *Satzung bzw. Gesellschaftsvertrag*

- *unbeglaubigter Registerauszug (Vereinsregister, Handelsregister)*
- *ggf. Angabe zur Mitgliedschaft in einem Dachverband*
- *Nachweis der Gemeinnützigkeit bzw. Mildtätigkeit (in der Regel Kopie des Freistellungsbescheids)*
- *Kurzbeschreibung des Trägers und seiner Arbeit*

Förderanträge durchlaufen zunächst eine formale und inhaltliche Erstprüfung. Bei positivem Ergebnis benennen wir Ihnen einen Mitarbeiter der Stiftung als Projektleiter, der noch fehlende Unterlagen bei Ihnen anfordern wird. Wenn die Prüfung aller Angaben ein positives Zwischenergebnis ergeben hat, wird der Projektleiter in der Regel einen Besuchstermin mit Ihnen vereinbaren. Wir wollen Sie und Ihr Projekt gerne kennen lernen, um durch eine intensive Projektbetreuung die optimale Grundlage für eine eventuelle Förderung zu schaffen.

Zusatz

Bei Zuschussmöglichkeit durch Aktion Mensch oder Deutsches Hilfswerk kann der Antrag nicht bewilligt werden.

Stiftung Deutsches Hilfswerk

Fördergebiet – bundesweit

Bereiche

Kinder, Jugendliche, Senioren, Soziales, Gesundheit, Integration, Obdachlosigkeit, Behindertenhilfe, Soziale Benachteiligung

Anschrift

Stiftung Deutsches Hilfswerk
Gereonstraße 18-32
50670 Köln
Tel: 0221 / 91 40 99 0
Fax: 0221 / 91 40 99 29
E-Mail: info@dhw-koeln.de
Web: www.fernsehlotterie.de/helfen/förderantrag

Wer wird gefördert?
Freie gemeinnützige Organisationen

Was wird gefördert?
Baumaßnahmen, Maßnahmen zur Weiterbildung, Maßnahmen in Einrichtungen der Kinder-, Jugend-, Alten-, Gesundheitshilfe.
Keine laufenden Kosten (Personal- und Betriebskosten)

Antragstellung
Antragsformulare auf der Homepage sind zu verwenden in zweifacher Ausfertigung

Stiftung Nord-Süd-Brücken

Fördergebiet – Neue Bundesländer – international

Bereiche
Interkultureller Austausch

Anschrift
Stiftung Nord-Süd-Brücken
Greifswalder Straße 33a
10405 Berlin
Tel.: 030 / 42 85 13 85
Fax: 030 / 42 85 13 86
E-Mail: info@nord-sued-bruecken.de
Web: www.nord-sued-bruecken.de

Wer kann Anträge schreiben?
Der Herkunft des Stiftungskapitals und der Satzung der Stiftung entsprechend fördert die Stiftung Projekte von gemeinnützigen Vereinen, die seit Ersteintragung im Vereinsregister ihren Sitz den neuen Bundesländern bzw. im Ostteil Berlins haben. Die Gemeinnützigkeit muss steuerrechtlich anerkannt sein. Nicht rechtsfähige Vereinigungen (Initiativgruppen und andere) können gemeinsam mit einem eingetragenen Verein Zuschüsse beantragen.

Was wird gefördert?

Die Stiftung fördert Projekte der Entwicklungszusammenarbeit, der entwicklungsbezogenen Bildungs- und Öffentlichkeitsarbeit sowie projektbezogene Studien.

Antragstellung

Eine finanzielle Förderung ist nur auf schriftlichen Antrag möglich. Antragsformulare können in der Geschäftsstelle angefordert werden oder sind im Internet erhältlich.

Förderhöhe

Der Zuschuss für eine Maßnahme ist projektgebunden und kann bis zu
50.000 € pro Jahr für Projekte in Entwicklungsländern und bis zu
25.000 € pro Jahr für Bildungs- und Informationsarbeit betragen.
Für Antragsteller, die bisher nicht durch die Stiftung gefördert wurden, kann ein Zuschuss für eine Maßnahme von
17.500 € pro Jahr für Projekte in Entwicklungsländern und bis zu
10.000 € pro Jahr für Bildungs- und Informationsarbeit gewährt werden.
Pro Organisation kann ein Kleinantrag bis 2.500 € im Quartal bewilligt werden.

Veolia Stiftung

Fördergebiet – bundesweit

Bereiche

Soziales, Arbeit, Umwelt, Umweltbildung, Interkulturalität, Bildung

Anschrift

Veolia Stiftung
Lindencorso
Unter den Linden 21
10117 Berlin
Tel: 030 / 53 65 82 40
Fax: 030 / 53 65 82 41
E-Mail: info@veolia-stiftung.de

Web: www.veolia-stiftung.de
Ansprechpartner: Sylke Freudenthal

Wer kann Anträge schreiben?
Gruppen verschiedenster Rechtsform, Vereine, Personenzusammenschlüsse, freie Träger und andere.

Was wird gefördert?
Im Rahmen der Veolia Stiftung gibt es drei Förderschwerpunkte:
Solidarität – Die Stiftung unterstützt Initiativen, welche die soziale Integration benachteiligter Menschen und das friedliche Zusammenleben verschiedener Kulturen befördern.
Beschäftigung – Die Stiftung unterstützt Projekte, die Arbeitsplätze im Dienstleistungsbereich schaffen oder die berufliche Eingliederung fördern.
Umwelt und Lebensumfeld - Die Stiftung fördert Vorhaben, die der Erhaltung der Umwelt nutzen und sich für Umweltbildung einsetzen.

Antragstellung
Die Anträge sind auf der Homepage der Stiftung online zu stellen. Vorab eine telefonische Kontaktaufnahme mit der Stiftung ist zu empfehlen.

Es gibt Online Antragsformulare für Berliner und für bundesweite Projekte.

Wacken Foundation

Fördergebiet – bundesweit

Bereich
Kunst

Anschrift
Wacken Foundation
Hauptstraße 47
24860 Dörpstedt

Tel: 0462 / 71 83 84 4
E-Mail: info@wacken-foundation.com
Web: www.wacken-foundation.com

Wer wird gefördert?

Künstler, Bands, Texter, Komponisten

Was wird gefördert?

Durchführung von Konzerten, Touren, für CD Produktionen, Anschaffung von Merchandise-Material, sowie Reisekostenbeteiligung

Antragstellung

Antrag schriftlich, formlos
Bei Toursupport Eilantrag möglich.
Max. 5.000,- €

Förderstruktur

Bei der Förderstruktur wird unterschieden nach Fördermöglichkeiten der EU, des Bundes und der Bundesländer.
Es gibt verschiedene Verfahrenswege und Konditionen in den einzelnen Förderprogrammen.
Aktuell (Stand 2014) finden Sie rund 1.800 Fördermöglichkeiten in den einzelnen Bereichen.
Anträge auf Förderung sind häufig kurzfristig nach Veröffentlichung einer Ausschreibung zu stellen. Ebenso wie bei EU-Fördermitteln werden auch in der deutschen Förderlandschaft immer öfter Bekanntmachungen mit kurzen Antragsfristen veröffentlicht. Wenn Sie diese Termine verpassen, gibt es keine Förderung, auch wenn alle übrigen Voraussetzungen erfüllt sind. Die Kenntnis der Fristen ist entscheidend für die Förderung und damit ggf. auch für den Erfolg und die Realisierung eines Projektes.

Förderprogramme der Länder

Es gibt verschiedene Landes-Förderprogramme, die sich bezüglich der Konditionen wie auch der Förderbereiche sehr unterscheiden. Die Bundesländer verfügen jeweils über ein umfangreiches Programmangebot.
Für fast jede Zweckbestimmung existieren Fördermöglichkeiten, deshalb lohnt sich eine Nachfrage bei den zuständigen Stellen in jedem Fall.

Nachfolgend sind einige Förderbereiche aufgelistet:

➔ *Arbeit*
➔ *Aus- & Weiterbildung*
➔ *Außenwirtschaft*
➔ *Beratung*
➔ *Energieeffizienz & Erneuerbare Energien*
➔ *Existenzgründung und -festigung*
➔ *Forschung & Innovation*
➔ *Gesundheit und Soziales*
➔ *Infrastruktur*
➔ *Kultur, Medien & Sport*
➔ *Konjunktur*
➔ *Landwirtschaft & Ländliche Entwicklung*
➔ *Messe & Ausstellungen*
➔ *Regionalförderung*
➔ *Städtebau & Stadterneuerung*
➔ *Umwelt & Naturschutz*
➔ *Unternehmensfinanzierung*
➔ *Wohnungsbau und –modernisierung*

Es gibt unterschiedliche Förderarten, die Sie in den jeweiligen Programmen aufgelistet haben. Nicht jede Förderart ist für jeden Antragsteller von Interesse, deshalb schauen Sie sich im Vorfeld genau die Förderkriterien an, bevor Sie einen Antrag auf Förderung formulieren.

Förderarten

- *Zuschuss*
- *Darlehen*
- *Bürgschaft*
- *Beteiligung*
- *Garantie*

Ein großer Teil der Förderangebote richtet sich dabei an KMU (Kleine und Mittlere Unternehmen).
Hierbei gilt die Definition der EU, die auch für die regionale Förderung herangezogen wird.
Hiernach ist ein KMU ein Unternehmen, welches einen Jahresumsatz von max. 40 Millionen € oder eine Jahresbilanzsumme von ca. 27 Millionen € aufweist, weniger als 250 Mitarbeiter beschäftigt und dessen Kapital oder Stimmanteile sich zu weniger als 25% in der Hand eines oder mehrerer Unternehmen befindet, die diese Bedingungen nicht erfüllen.

Auswahl relevanter Länderprogramme

Arbeit Inklusiv

Beispiel Bundesland Baden-Württemberg

Ziel und Gegenstand

Das Land Baden-Württemberg unterstützt in Ergänzung der Initiative Inklusion der Bundesregierung die Begründung neuer Arbeitsverhältnisse mit schwerbehinderten Menschen durch Inklusionsprämien. Darüber hinaus können im Bedarfsfall ergänzende Lohnkostenzuschüsse gewährt werden. Ziel ist es, die Teilhabe für besonders betroffene schwerbehinderte Menschen am Arbeitsleben auf dem allgemeinen Arbeitsmarkt für einen insgesamt fünfjährigen Bewilligungszeitraum zu ermöglichen und zu sichern.

Antragsberechtigte

Antragsberechtigt sind Arbeitgeber mit Sitz bzw. Dienststelle in Baden-Württemberg, die für wesentlich behinderte Menschen individuell geeignete Arbeitsplätze zur Verfügung stellen.

Voraussetzungen

Die Förderung ergänzt vorrangige gesetzliche Leistungen zur Förderung von schwerbehinderter Menschen auf dem allgemeinen Arbeitsmarkt.
Es muss sich um ein neues sozialversicherungspflichtiges Beschäftigungsverhältnis mit einem Beschäftigungsumfang von mindestens 15 Wochenstunden handeln.

Art und Höhe der Förderung

Die Förderung erfolgt in Form von Inklusionsprämien bzw. Lohnkostenzuschüssen.
Die Höhe einer Inklusionsprämie beträgt bis zu 3.333 €. Bis zu drei Inklusionsprämien, verteilt auf die ersten drei Beschäftigungsjahre, können je neu geschaffenem Arbeitsverhältnis gewährt werden.
Im Bedarfsfall können darüber hinaus ergänzende Lohnkostenzuschüsse zwischen 40% und 70% der Bruttogehaltsaufwendungen des Arbeitgebers gewährt werden.

Antragsverfahren

Anträge sind vor Beginn des Beschäftigungsverhältnisses über die örtlichen Integrationsfachdienste zu stellen.
Weitere Informationen erteilt der
Kommunalverband für Jugend und Soziales Baden-Württemberg
Referat 34 Integrationsamt
Erzbergerstraße 119
76133 Karlsruhe
Tel: 0721 / 81 07 0
Fax: 0721 / 81 07 9 03
E-Mail: info@kvjs.de
Web: www.kvjs.de

Geltungsdauer

Die Richtlinie gilt bis zum 31. Dezember 2017.

Beschäftigung von Innovationsassistenten

Beispiel Bundesland Brandenburg

Ziel und Gegenstand

Das Land Brandenburg fördert mit Unterstützung des Europäischen Sozialfonds (ESF) die Beschäftigung von Hochschul- und Fachhochschulabsolventen und Absolventen einer geregelten beruflichen Aufstiegsfortbildung als Innovationsassistenten in kleinen und mittleren Unternehmen.
Die neu einzustellenden Assistenten sollen vorwiegend in den Bereichen

- *Innovations-, Produktions-, Qualitäts- oder Umweltmanagement,*
- *Technologie-Marketing,*
- *Produktentwicklung einschließlich Produktvorbereitung und Design oder betriebswirtschaftliches Management eingesetzt werden.*

Antragsberechtigte

Antragsberechtigt sind kleine und mittlere Unternehmen gemäß KMU-Definition der EU mit Betriebsstätte in Brandenburg.

Voraussetzungen

Der Arbeitsplatz muss sich im Land Brandenburg befinden.
Die Stellenanforderung muss den Einsatz einer Innovationsassistenz erfordern.
Die Stelle soll organisatorisch im Bereich der Geschäftsführung der Betriebsstätte bzw. bei der Leitung des Geschäftsbereiches, in dem die Einstellung erfolgen soll, angebunden sein.
Durch die Förderung darf kein anderes Personal ersetzt werden.
Das Beschäftigungsverhältnis muss für mindestens zwölf Monate geschlossen werden.
Der vertragliche Vollzeit-Arbeitnehmerbruttolohn muss mindestens 2.200 € im Monat betragen. Sonderzahlungen sind nicht förderfähig.

Art und Höhe der Förderung

Die Förderung erfolgt in Form eines Zuschusses.

Es werden bis zu zwei Absolventen für je bis zu 24 Monate gefördert.
Die Höhe der Förderung beträgt bis zu 60% des Arbeitnehmer-Bruttogehaltes, höchstens jedoch 20.000 € pro Absolvent und Jahr.

Antragsverfahren

Anträge sind mindestens vier Wochen vor dem geplanten Maßnahmenbeginn über das Internet-Portal der LASA Brandenburg GmbH zu stellen.

LASA Brandenburg GmbH
Wetzlarer Straße 54
14482 Potsdam
Tel: 0331 / 60 02-2 00
Fax: 0331 / 60 02-4 00
E-Mail: lasa@lasa-brandenburg.de
Web: www.lasa-brandenburg.de

Geltungsdauer

Die Richtlinie gilt bis zum 31. März 2015.

Beratungsprogramm Wirtschaft NRW (BPW)

Bundesland Nordrhein-Westfalen

Ziel und Gegenstand

Das Land Nordrhein-Westfalen unterstützt Beratungen zur Entwicklung, Prüfung und Umsetzung von Gründungskonzepten vor der Realisierung.
Gefördert werden Vorhaben zur Gründung oder Übernahme eines Unternehmens oder zur mehrheitlichen Beteiligung an einem Unternehmen.

Antragsberechtigte

Antragsberechtigt sind Existenzgründer im Bereich der gewerblichen Wirtschaft und der Freien Berufe.

Voraussetzungen

Das Vorhaben muss auf die Schaffung einer selbständigen Vollexistenz in Nordrhein-Westfalen abzielen.
Nicht gefördert werden Beratungen in der Start- und Festigungsphase nach vollzogener Gründung, Beratungen zu allgemeinen Rechts-, Versicherungs- und Steuerfragen sowie die Aufstellung von Jahresabschlüssen und Buchführungsarbeiten. Darüber hinaus gelten weitere Förderausschlüsse.
Die Beratungen sind mindestens zur Hälfte der Beratungszeit in Anwesenheit der zu beratenden Personen durchzuführen (bei Zirkelberatungen in vollem Umfang).
Die Eignung der Berater und Beratungsgesellschaften muss durch eine qualifizierte Ausbildung und durch mehrjährige Berufserfahrung gegenüber den Trägern nachgewiesen werden.

Art und Höhe der Förderung

Die Förderung erfolgt in Form eines Zuschusses.
Der Zuschuss beträgt 50% eines Tagewerksatzes, maximal jedoch 400 € je Tagewerk.
Bei Personen, die Arbeitslosengeld II beziehen sowie Hochschulabsolventen und Berufsrückkehrenden mit vergleichbarer Einkommenslage kann der Zuschuss auf 80% des Tagewerksatzes, max. jedoch 400 € erhöht werden.
Bei Zirkelberatungen beträgt der Zuschuss für Arbeitslosengeld-Empfänger sowie Hochschulabsolventen und Berufsrückkehrende mit vergleichbarer Einkommenslage 90% des Tageswerksatzes, maximal jedoch 720 €. Der Eigenanteil beträgt mindestens 50 €.
Die Förderung einer Gründungsberatung kann innerhalb von fünf Jahren nur einmal in Anspruch genommen werden.

Antragsverfahren

Die Anträge sind zu richten an die
Landes-Gewerbeförderungsstelle des nordrhein-westfälischen Handwerks e.V. (LGH)
Auf‘m Tetelberg 7
40221 Düsseldorf
Tel: 0211 / 30 27 15 28
Fax: 0211 / 30 27 15 30

E-Mail: info@lgh.de
Web: www.lgh.de

Geltungsdauer

Das Programm ist befristet bis zum 31. Dezember 2020.

Berufsausbildungsförderung

Bundesland Berlin

Ziel und Gegenstand

Das Land Berlin gewährt Zuschüsse zur Erhöhung der Zahl und Verbesserung der Qualität betrieblicher Ausbildungsplätze.

Förderfähig sind:

- ➔ *Verbundausbildung und überbetriebliche Ausbildung im Land Berlin,*
- ➔ *Besuche von Berufsschulen oder überbetrieblichen Berufsbildungsstätten außerhalb Berlins bei Splitterberufen im Rahmen der Erstausbildung,*
- ➔ *überbetriebliche Lehrgänge im Handwerk und in vergleichbaren Gewerbezweigen,*
- ➔ *Förderung von auf dem Arbeitsmarkt benachteiligten Jugendlichen im Rahmen der Erstausbildung,*
- ➔ *Förderung von weiblichen Auszubildenden im Rahmen der Erstausbildung,*
- ➔ *Förderung von Alleinerziehenden im Rahmen der Erstausbildung,*
- ➔ *Übernahme Auszubildender im Rahmen der Erstausbildung sowie Modellversuche und Pilotprojekte.*

Antragsberechtigte

Antragsberechtigt sind i.d.R. die ausbildenden Betriebe mit Sitz oder Betriebsstätte in Berlin.

Von der Förderung ausgeschlossen sind Arbeitgeber der öffentlichen Hand sowie privatrechtliche Unternehmen, an denen die öffentliche Hand mehrheitlich beteiligt ist bzw. die überwiegend öffentlich finanziert werden.

Voraussetzungen

Das Ausbildungsverhältnis muss in das nach dem Berufsbildungsgesetz (BBiG) zuständige Verzeichnis im Land Berlin eingetragen sein.

Der Auszubildende muss die Probezeit bestanden haben.

Die beantragten Ausbildungsabschnitte im Verbund müssen gemäß dem Ausbildungsrahmenplan der entsprechenden Ausbildungsordnung vorgeschrieben sein. Der zuständige Ausbildungsberater muss bestätigen, dass diese Ausbildungsabschnitte im Ausbildungsbetrieb nicht vermittelt werden können oder zur Verbesserung der Ausbildungsqualität erforderlich sind.

Betriebe, die in einem Beruf ausbilden, der in der Liste der anerkannten Ausbildungsberufe erfasst ist, für die der Berufsschulunterricht in einer länderübergreifenden Fachklasse stattfindet, können hierfür einen Zuschuss erhalten, sofern die zuständige Senatsverwaltung den in dieser Einrichtung vermittelten Unterricht als nach Art und Umfang mindestens gleichwertig anerkannt hat und die Auszubildenden vom Berufsschulunterricht in Berlin befreit wurden.

Von einer Förderung ausgeschlossen sind Umschulungsverhältnisse sowie die Ausbildung auf Gegenseitigkeit oder in diesem Sinn vereinbarte Ausbildung unter mehreren Beteiligten (Ringtausch) im zwischenbetrieblichen Ausbildungsverbund.

Art und Höhe der Förderung

Die Förderung erfolgt in Form eines Zuschusses.

Beispiele der Höhe der Förderung:

bei der Ausbildung im Verbund 37,50 € pro Ausbildungsverhältnis und Ausbildungstag. Für eine 3-jährige Ausbildung beträgt die Förderhöhe bis zu 6.500 €, für eine 3,5-jährige Ausbildung bis zu 7.500 €. 2-jährige Ausbildungsverhältnisse werden nur in Ausnahmefällen gefördert, die Förderhöhe ist hier auf maximal 2.500 € begrenzt;

bei auf dem Arbeitsmarkt benachteiligten Jugendlichen 30% der monatlichen Vergütung im ersten und zweiten Ausbildungsjahr und 70% im dritten Ausbildungsjahr, insgesamt höchstens 10.000 € je Ausbildungsverhältnis;

bei der Förderung von weiblichen Auszubildenden 75% der monatlichen Ausbildungsvergütung, insgesamt höchstens 7.500 € je Ausbildungsverhältnis;

bei der Förderung Alleinerziehender 75% der monatlichen Ausbildungsvergütung, insgesamt höchstens 7.500 € je Ausbildungsverhältnis.

Antragsverfahren

Mit Ausnahme der Förderbereiche „Förderung der überbetrieblichen Lehrgänge im Handwerk und in vergleichbaren Gewerbezweigen“ sowie „Modellversuche und Pilotprojekte“ sind die Anträge bis spätestens sechs Monate nach Beginn des Ausbildungsverhältnisses zu stellen.

Anträge sind zu richten an die
Handwerkskammer Berlin
Abteilung IV/FBB
Blücherstr. 68
10961 Berlin
Tel: 030 / 2 59 03-3 81
Fax: 030 / 2 59 03-3 80
E-Mail: fbb@hwk-berlin.de
Web www.hwk-berlin.de/fbb

Anträge auf Förderung überbetrieblicher Lehrgänge im Handwerk (ÜLU) und Modellversuche/Pilotprojekte sowie für die Förderung investiver Kosten sind zu richten an die Senatsverwaltung für Arbeit, Integration und Frauen
Abteilung Arbeit und Berufliche Bildung
Oranienstraße 106
10969 Berlin
Tel: 030 / 90 28-14 92
Fax: 030 / 90 28-21 73
E-Mail: arbeit@senaif.berlin.de
Web: www.berlin.de/sen/aif/

Geltungsdauer

Die Richtlinie gilt bis zum 31. März 2018

.

Förderung von Beratungen bei kleinen und mittleren Unternehmen

Bundesland Mecklenburg-Vorpommern

Ziel und Gegenstand

Das Land Mecklenburg-Vorpommern fördert Beratungsleistungen externer Berater, die der wirtschaftlichen Stabilisierung der Unternehmen sowie der Existenzsicherung der Inhaber oder der Gesellschafter dienen.

Förderfähig sind

- ➔ *Beratungen zur Behebung unternehmerischer Managementdefizite,*
- ➔ *Personalbestands- und -entwicklungsanalysen („Demographie-Checks") für Fachkräftesicherung zum Kompetenzerhalt,*
- ➔ *Beratungen zur Ressourcen- und Energieeffizienz, sofern eine Beratung im Rahmen des Sonderfonds Energieeffizienz in kleinen und mittleren Unternehmen der KfW nicht möglich ist,*
- ➔ *Beratungen zur besseren Vereinbarkeit von Arbeits- und Familien-/Privatleben,*
- ➔ *Beratungen im Zuge einer Unternehmensnachfolge und*
- ➔ *Beratungen zur Vorbereitung der Einführung von Produkten und Dienstleistungen auf überregionalen, insbesondere ausländischen Märkten.*

Antragsberechtigte

Antragsberechtigt sind kleine und mittlere Unternehmen der gewerblichen Wirtschaft gemäß KMU- Definition der EU und Angehörige der Freien Berufe mit Betriebsstätte in Mecklenburg-Vorpommern.

Im Falle einer Unternehmensnachfolge sind die abgebenden und die erwerbenden Parteien (Inhaber oder Gesellschafter des Unternehmens) zusammen antragsberechtigt.

Unternehmen bestimmter Wirtschaftsbereiche (z.B. Primärerzeugung) und Branchen sind von der Förderung ausgeschlossen.

Voraussetzungen

Die Beratung muss von externen Beratern oder Beratungsunternehmen durchgeführt werden, welche die erforderliche Qualifikation besitzen und die über ausreichende berufliche Erfahrungen verfügen.
Die möglichen Zuwendungen im Rahmen des Bundesprogramms Gründercoaching Deutschland müssen vollständig ausgeschöpft sein.

Art und Höhe der Förderung

Die Förderung erfolgt in Form eines Zuschusses.
Die Höhe der Förderung beträgt bis zu 50% der zuwendungsfähigen Ausgaben.
Die benötigte Anzahl Tagewerke muss nachvollziehbar sein. Der Tagessatz darf höchstens 500 € betragen.
Für Beratungen zur Beseitigung unternehmerischer Managementdefizite, zur Ressourcen- und Energieeffizienz, zur Vereinbarkeit von Arbeits- und Privatleben sowie für „Demographie-Checks" werden Zuwendungen in Höhe von maximal 5.000 € gewährt.
Im Fall von Beratungen zur Vorbereitung des Marktauftritts und zur Unternehmensnachfolge beträgt die Höhe der Zuwendung bis zu 10.000 €.

Antragsverfahren

Anträge sind vor Beginn der zu fördernden Maßnahme beim
Landesförderinstitut Mecklenburg-Vorpommern (LFI)
Werkstraße 213
19061 Schwerin
Tel: 0385 / 63 63-0
Fax: 0385 / 63 63-12 12
E-Mail: info@lfi-mv.de
Web: www.lfi-mv.de
einzureichen.

Geltungsdauer

Die Richtlinie gilt bis zum 31. Dezember 2015.

Ausbildung Inklusiv

Baden-Württemberg

Ziel und Gegenstand

Das Land Baden-Württemberg unterstützt in Kombination mit der Initiative Inklusion der Bundesregierung die Schaffung neuer Ausbildungsplätze für besonders betroffene schwerbehinderte junge Menschen in Betrieben und Dienststellen Baden-Württembergs. Darüber hinaus sind Maßnahmen zur Heranführung an die betriebliche Ausbildung förderfähig.
Ziel ist die Übernahme des Auszubildenden in ein sozialversicherungspflichtiges Arbeitsverhältnis.

Antragsberechtigte

Antragsberechtigt sind Unternehmen und öffentliche Einrichtungen mit Sitz bzw. Dienststelle in Baden-Württemberg, die für wesentlich behinderte Menschen individuell geeignete Ausbildungsplätze zur Verfügung stellen.

Voraussetzungen

Die Schwerbehinderteneigenschaft des Auszubildenden ist durch den amtlichen Nachweis der Schwerbehinderung nachzuweisen.
Es muss sich um eine reguläre Ausbildung nach der Ausbildungsordnung oder eine Ausbildung mit besonderen Regelungen für behinderte Auszubildende nach dem Berufsbildungsgesetz oder der Handwerksordnung handeln.

Art und Höhe der Förderung

Die Förderung erfolgt in Form eines Zuschusses.
Die Höhe der Förderung beträgt bis zu 10.000 € je Ausbildungsplatz und wird in monatlichen Förderraten von max. 275 € zusätzlich zu gesetzlichen Leistungen ausgezahlt. Die Höhe der Förderung richtet sich nach Art und Schwere der Behinderung des Auszubildenden sowie deren konkreten Auswirkungen bei der betrieblichen Berufsausbildung.

Antragsverfahren
Anträge sind vor Beginn des betrieblichen Ausbildungsverhältnisses über die örtlichen Integrationsfachdienste zu stellen.

Weitere Informationen erteilt der
Kommunalverband für Jugend und Soziales Baden-Württemberg
Referat 34 Integrationsamt
Erzbergerstraße 119
76133 Karlsruhe
Tel: 0721 / 81 07-0
Fax: 0721 / 81 07-9 03
E-Mail: info@kvjs.de
Web: www.kvjs.de

Geltungsdauer
Die Richtlinie gilt bis zum 31. Dezember 2017.

Förderung der Erziehungsberatungsstellen

Bayern

Ziel und Gegenstand
Der Freistaat Bayern unterstützt zur Weiterentwicklung der Jugendhilfe die Beratung von Eltern, Kindern, Jugendlichen und Familien in Erziehungsberatungsstellen.
Gefördert werden die Personalkosten von Erziehungsberatungsstellen.

Antragsberechtigte
Antragsberechtigt sind die Träger der Erziehungsberatungsstellen.

Voraussetzungen
- ➔ *Die Erziehungsberatungsstelle muss die folgenden Aufgaben wahrnehmen:*
- ➔ *Förderung der Erziehung in der Familie,*
- ➔ *Beratung in Fragen der Partnerschaft, Trennung und Scheidung,*

- ➔ *Beratung und Unterstützung bei der Personensorge,*
- ➔ *Erziehungsberatung,*
- ➔ *Eingliederungshilfe für seelisch behinderte Kinder und Jugendliche.*
- ➔ *Die Erziehungsberatungsstelle muss mit Fachkräften verschiedener Disziplinen besetzt sein, die ein abgeschlossenes psychologisches Universitäts- oder sozialpädagogisches Fachhochschulstudium, bzw. eine einschlägige Qualifikation mit Abschluss Bachelor oder Master absolviert haben.*
- ➔ *Die Beratungsstelle muss mit mindestens drei Fachpersonalstellen und einer im Umfang angemessenen Verwaltungsstelle besetzt sein.*
- ➔ *Der Antragsteller muss – soweit möglich – Finanzierungsbeteiligungen Dritter in Anspruch zu nehmen und angemessene Eigenleistungen erbringen.*

Art und Höhe der Förderung

Die Förderung erfolgt als Zuschuss.
Die Höhe des Zuschusses richtet sich nach der Qualifikation der jeweiligen Fachkraft sowie nach den zur Verfügung stehenden Haushaltsmitteln. Grundlage für vollzeitbeschäftigte Fachkräfte sind folgende Festbeträge:
mit abgeschlossenem Universitätsstudium bis zu 19.700 €,
mit abgeschlossenem Fachhochschulstudium bis zu 14.300 €,
mit abgeschlossener Ausbildung an einer Fachakademie bis zu 10.740 €.

Antragsverfahren

Anträge sind schriftlich bis spätestens zum 1. März eines Jahres unter Verwendung der vorgesehenen Formulare an das zuständige Jugendamt zu richten.

Ist der Antragsteller ein Landkreis oder eine kreisfreie Stadt, so richtet er den Antrag bis spätestens zum 1. April direkt an die zuständige Bezirksregierung.

Geltungsdauer

Die Richtlinie gilt bis zum 31. Dezember 2016.

Rahmenprogramm Integrierte Stadtteilentwicklung

Hamburg

Ziel und Gegenstand

Das Land Hamburg fördert Maßnahmen der integrierten Stadtteilentwicklung. Benachteiligte Wohnviertel und Quartiere mit bestehenden oder drohenden gravierenden sozialräumlichen Segregations- und Polarisierungsprozessen oder städtebaulichen Missständen sollen sozial und materiell stabilisiert werden.

Die gesamtstädtischen Leitziele sind:

Verbesserung der Lebensbedingungen durch soziale und materielle Stabilisierung des Fördergebiets;
Verbesserung der Entwicklungsperspektiven für die Menschen in den Bereichen Bildung, Beschäftigung, Wirtschaft und Integration;
Stärkung der Mitwirkungsmöglichkeiten und der Eigenaktivität der Bürger;
Abbau städtebaulicher Defizite wie Funktions- und Substanzschwäche bei der technischen und sozialen Infrastruktur, den privaten Gebäudenutzungen und im öffentlichen Raum.

Die Förderung kann in folgenden Programmsegmenten erfolgen:

- ➔ *Soziale Stadt – Investitionen im Quartier,*
- ➔ *Städtebauliche Sanierungsmaßnahmen,*
- ➔ *Stadtumbau,*
- ➔ *Aktive Stadt- und Ortsteilzentren,*
- ➔ *Städtebaulicher Denkmalschutz.*

Die Fördermaßnahmen umfassen:

- ➔ *Vergütungen für Beauftragte,*
- ➔ *Stadtteilbüro,*
- ➔ *Verfügungsfonds,*
- ➔ *Bürger- und Akteursbeteiligung,*
- ➔ *lokale Öffentlichkeitsarbeit und Verbesserung des Images,*
- ➔ *Gebietsfonds Integrierte Stadtteilentwicklung,*

➔ *Ordnungsmaßnahmen.*

Antragsberechtigte

Antragsberechtigt sind natürliche und juristische Personen des Privatrechts und des öffentlichen Rechts sowie Behörden, die in Kooperation mit lokalen Akteuren ein Projekt durchführen wollen.

Voraussetzungen

Die Maßnahme muss Teil einer Gesamtmaßnahme sein, die der Entwicklung, Erneuerung oder Sanierung eines festgelegten Fördergebietes dient.
Es müssen eine Problem- und Potenzialanalyse, ein integriertes Entwicklungskonzept sowie ein Nachsorgekonzept vorliegen.
Bei Investitionsvorhaben, die einen dauerhaften Betriebsmitteleinsatz erfordern, muss die Gesamtfinanzierung gesichert sein.
Für die einzelnen Programmsegmente gelten jeweils besondere Förderbestimmungen.

Art und Höhe der Förderung

Die Förderung erfolgt in Form von Zuschüssen.
Die Höhe der Förderung beträgt in der Regel bis zu 50%, in begründeten Einzelfällen bis zu 100% der Gesamtausgaben.

Antragsverfahren

Anträge sind zu stellen an die
Behörde für Stadtentwicklung und Umwelt
Neuenfelder Straße 19
21109 Hamburg
Tel: 040 / 4 28 40-0
Fax: 040 / 4 28 40-20 22
E-Mail: info@bsu.hamburg.de
Web: www.hamburg.de/rise

Geltungsdauer

Die Richtlinie gilt bis zum 31. Dezember 2017.

Förderung der Weiterbildungsgrundversorgung an Volkshochschulen

Mecklenburg-Vorpommern

Ziel und Gegenstand

Das Land Mecklenburg-Vorpommern fördert die Durchführung von Veranstaltungen an anerkannten Einrichtungen der Weiterbildung im Sinne von § 8 Absatz 1 des Weiterbildungsförderungsgesetzes, um die Weiterbildungsgrundversorgung im Land sicherzustellen.

Gefördert werden Veranstaltungen mit u.a. folgenden Inhalten

- *politische Bildung und Umweltbildung,*
- *Alphabetisierung, kompensatorische Grundbildung und schulabschlussbezogene Bildung auf dem zweiten Bildungsweg,*
- *lebensgestaltende Bildung und Existenzfragen,*
- *Gesundheitsbildung,*
- *Förderung von Sprachen-, Kultur- und Medienkompetenz,*
- *Erwerb oder Erhalt der Beschäftigungsfähigkeit,*
- *Weiterbildung für das Ehrenamt,*
- *Verbesserung der Integration von Migranten sowie*
- *Förderung von sozialer Teilhabe von Menschen mit Behinderungen.*

Antragsberechtigte

Antragsberechtigt sind Landkreise und kreisfreie Städte in Mecklenburg-Vorpommern.

Voraussetzungen

Die Veranstaltungen müssen in der Regel in Mecklenburg-Vorpommern durchgeführt werden, Zielgruppe sind die Einwohner Mecklenburg-Vorpommerns.
Das Angebot der Weiterbildungsveranstaltungen muss flächendeckend und hinsichtlich der Inhalte ausgewogen sein.
Die Anzahl der Teilnehmer aller förderfähigen Weiterbildungsveranstaltungen darf im Durchschnitt des Vorvorjahres der beantragten Zuwendung nicht unter zehn Personen liegen, andernfalls erfolgt die Förderung anteilig.

Art und Höhe der Förderung

Die Förderung erfolgt in Form eines Zuschusses.

Die Höhe der Grundförderung beträgt 1 € je Einwohner, sofern je 35.000 Einwohner des Zuwendungsempfängers 2.400 förderfähige Unterrichtseinheiten durchgeführt wurden. Wird dieses Stunden-Soll nicht erreicht, erfolgt die Förderung anteilig. Weiterhin wird ein Zusatzbetrag für förderfähige Unterrichtseinheiten im Bereich Alphabetisierung/Grundbildung/Schulabschlüsse gewährt, der jährlich entsprechend dem Anteil der jeweiligen Volkshochschule an den von allen Volkshochschulen durchgeführten förderfähigen Unterrichtseinheiten in diesem Bereich festgesetzt wird.

Antragsverfahren

Anträge sind unter Verwendung des Antragsformulars bis zum 15. Oktober für das Folgejahr an das

Ministerium für Bildung, Wissenschaft und Kultur
Werderstraße 124
19055 Schwerin
Tel: 0385 / 5 88-0
Fax: 0385 / 5 88 70-82
E-Mail: poststelle@bm.mv-regierung.de
Web: www.bm.regierung-mv.de

zu stellen.

Geltungsdauer

Die Richtlinie gilt bis zum 31. Mai 2017.

Ausbau von Hochgeschwindigkeits-Breitbandnetzen und Einrichtung öffentlich zugänglicher Hot Spots

Sachsen

Ziel und Gegenstand

Der Freistaat Sachsen fördert die erstmalige Erschließung von unterversorgten Gebieten (sog. „Graue“ und „Weiße“ Flecken) mit Hochgeschwindigkeits-Breitbandnetzen (NGA-Netzen) sowie die erstmalige Einrichtung öffentlich zugänglicher Hot Spots in touristisch relevanten, öffentlichen Bereichen.

Beim Netzausbau sind folgende Maßnahmen förderfähig:

- *die erstmalige Erstellung und Aktualisierung von Bedarfs- und Verfügbarkeitsanalysen,*
- *Machbarkeitsstudien,*
- *Ausgaben zur Schließung der Wirtschaftlichkeitslücke,*
- *technische Prüfungen und*
- *kartografische Darstellungen.*
- *Bei der Einrichtung von Hot Spots sind folgende Maßnahmen förderfähig:*
- *Beratungsleistungen,*
- *ein Breitband-Anschluss von mindestens 25 Mbit/s für das Grundstück bzw. Gebäude,*
- *Anschaffungskosten von technischen Geräten (Hardware),*
- *die Anschaffung vorhabenspezifischer Software,*
- *Installationsarbeiten durch einen qualifizierten IT-Dienstleister,*
- *Hinweise auf das geförderte WLAN-Angebot.*

Antragsberechtigte

Antragsberechtigt für alle Maßnahmen sind Gemeinden, Landkreise, Verwaltungsgemeinschaften und Gemeindeverbände im Freistaat Sachsen.
Für Hot Spots in touristisch relevanten, öffentlichen Bereichen sind außerdem öffentliche Unternehmen antragsberechtigt.

Voraussetzungen

Der Netzausbau wird nur in Erschließungsgebieten gefördert. Als Erschließungsgebiet gilt ein räumlich abgegrenztes Gebiet, in dem sich unter den Anschlussinhabern mindestens drei Unternehmen bzw. gewerblich oder beruflich Tätige befinden und in dem Übertragungsraten von weniger als 25 Mbit/s beim Downstream jetzt und voraussichtlich auch in den kommenden drei Jahren zur Verfügung stehen.
Hot Spots werden nur in touristisch relevanten, öffentlichen Bereichen gefördert. Die touristische Relevanz ist durch eine Stellungnahme der örtlich und fachlich zuständigen Destination Management Organisation nachzuweisen.

Art und Höhe der Förderung

Die Förderung erfolgt in Form eines Zuschusses.

Die Höhe der Förderung bei Maßnahmen des Netzausbaus richtet sich nach der regionalen Förderpriorität der wirtschaftsnahen Infrastruktur im Freistaat Sachsen und beträgt in der 1. Förderpriorität bis zu 80%, in der 2. Förderpriorität bis zu 75% und in der 3. Förderpriorität bis zu 60% der zuwendungsfähigen Ausgaben, maximal jedoch 5 Mio. € je Erschließungsgebiet.

Die Höhe der Förderung beträgt bei der Einrichtung von Hot Spots bis zu 80% der zuwendungsfähigen Ausgaben, maximal bis zu 1,5 Mio. € je Projekt.

Antragsverfahren

Anträge sind zu richten an die
Landesdirektion Sachsen
Altchemnitzer Straße 41
09120 Chemnitz

Tel:	0371 / 5 32-0
Fax:	0371 / 5 32-19 29
E-Mail:	post@lds.sachsen.de
Web:	www.lds.sachsen.de

Geltungsdauer

Die Richtlinie gilt bis zum 31. Dezember 2016.

Förderung forstwirtschaftlicher Maßnahmen

Schleswig-Holstein

Ziel und Gegenstand

Das Land Schleswig-Holstein unterstützt Maßnahmen, die eine naturnahe Waldbewirtschaftung und Waldentwicklung begünstigen und die ökologische und ökonomische Leistungsfähigkeit des Waldes erhöhen.

Es werden insbesondere gefördert:

➔ *Erstaufforstung,*

- *naturnahe Waldbewirtschaftung,*
- *forstwirtschaftliche Zusammenschlüsse,*
- *forstwirtschaftliche Infrastruktur.*

Ziel ist es, den Wald unter wirtschaftlich angemessenen Bedingungen naturnah zu erhalten, zu pflegen und zu nutzen.

Antragsberechtigte

Antragsberechtigt sind in der Regel natürliche und juristische Personen des privaten und öffentlichen Rechts, die land- oder forstwirtschaftliche Flächen besitzen. Darüber hinaus können anerkannte forstwirtschaftliche Zusammenschlüsse und diesen gleichgestellte Zusammenschlüsse im Sinne des Bundeswaldgesetzes Förderanträge stellen.

Voraussetzungen

Die Pflanzungen und Kulturen müssen mit standort- und herkunftsgerechten sowie in Schleswig-Holstein bewährten Baumarten in forstüblichen Pflanzengrößen, Pflanzenzahlen und Mischungsformen bepflanzt werden.
Anpflanzungen, die später zu aufwändigen Pflegearbeiten führen, sind zu vermeiden.
Die Kulturen müssen sachgemäß geschützt, gepflegt und nachgebessert werden.
Maßnahmen, die überwiegend der Erhaltung der Kulturlandschaft, der Landschaftsgestaltung, der Landschaftspflege oder der Erholungsfunktion der Landschaft dienen, werden nicht gefördert.
Die Zweckbindungsfristen sind zu beachten.
Von der Förderung ausgeschlossen sind Bund, Länder, die Anstalt Schleswig-holsteinische Landesforsten und juristische Personen, deren Kapitalvermögen sich zu mindestens 25% im Besitz von Bund oder Ländern befindet.

Art und Höhe der Förderung

Die Förderung erfolgt in Form eines Zuschusses.
Die Höhe der Förderung ist abhängig von Art und Umfang der Maßnahme.

Antragsverfahren

Anträge sind vor Beginn der zu fördernden Maßnahme und unter Verwendung der Antragsformulare zu stellen an die

Landwirtschaftskammer Schleswig-Holstein
Abteilung Forstwirtschaft
Hamburger Straße 115
23795 Bad Segeberg

Tel:	04551 / 95 98 0
Fax:	04551 / 95 98 40
E-Mail:	buero-segeberg@lksh.de
Web:	www.lwksh.de

Geltungsdauer

Die Richtlinie gilt bis zum 30. April 2017.

Förderprogramme des Bundes

Die Förderung durch den Bund erfolgt durch Zuwendungen und Zuschüsse, die in der Regel als Darlehen oder als nicht rückzahlbare Zuwendungen zur Verfügung gestellt werden.

Bei den Programmen des Bundes kann in verschiedene Förderbereiche unterschieden werden wie zum Beispiel:

- ➔ *Regionalförderung – Förderung strukturschwacher Gebiete*
- ➔ *Forschung und Innovation*
- ➔ *Arbeit, Sicherung von Arbeitsplätzen*
- ➔ *Wettbewerbshilfen für benachteiligte Wirtschaftszweige*
- ➔ *Förderung von kleinen und mittleren Unternehmen (KMU)*
- ➔ *Bildung und Ausbildung*
- ➔ *Beratung*
- ➔ *Energie- und Umweltmaßnahmen*

Auswahl von relevanten Programmen aus unterschiedlichen Bereichen:

Forschung& Innovation, Existenzgründung & -festigung

EXIST-Forschungstransfer

Ziel und Gegenstand

Mit EXIST-Forschungstransfer ergänzt das Bundesministerium für Wirtschaft und Energie mit Unterstützung des Europäischen Sozialfonds (ESF) das breitenwirksame EXIST-Gründerstipendium um eine spezielle exzellenzorientierte Maßnahme für technisch besonders anspruchsvolle Gründungsvorhaben.

Die Förderung erfolgt in zwei Phasen:

In der Vorgründungsphase (Förderphase I) werden Forscherteams an Hochschulen und Forschungseinrichtungen gefördert, die Entwicklungsarbeiten durchführen,

die darauf basierende Geschäftsidee zu einem Businessplan ausarbeiten und die geplante Unternehmensgründung gezielt vorbereiten.
In der Gründungsphase (Förderphase II) werden weitere Entwicklungsarbeiten, Maßnahmen zur Aufnahme der Geschäftstätigkeit im neu gegründeten Technologieunternehmen sowie die Schaffung der Voraussetzungen für eine externe Unternehmensfinanzierung gefördert.

Ziel ist es, eine Steigerung der Zahl der wissensbasierten Gründungen in Bereichen der Hoch- und Spitzentechnologie zu erreichen.

Antragsberechtigte

In der Förderphase I sind Hochschulen und außeruniversitäre Forschungseinrichtungen mit Sitz in Deutschland antragsberechtigt.
In der Förderphase II sind kleine technologieorientierte Unternehmen der gewerblichen Wirtschaft gemäß KMU-Definition der EU in der Rechtsform einer Kapitalgesellschaft mit Unternehmenssitz in Deutschland antragsberechtigt. Das Unternehmen muss im Verlauf oder als Ergebnis der Förderphase I gegründet worden sein.

Voraussetzungen

In der Förderphase I muss der Antragsteller in ein gründungsunterstützendes nachhaltiges Netzwerk eingebunden sein, das Gründerbetreuung und Coaching des Forscherteams gewährleisten kann sowie in der Unterstützung von Existenzgründungen aus der Wissenschaft erfahren ist.
Das Vorhaben muss auf eine technisch besonders anspruchsvolle innovative Produkt- oder Verfahrensidee gerichtet sein, deren Realisierung reine Entwicklungsarbeiten von mindestens ein bis eineinhalb Jahren erfordert. Der Nachweis der technischen/technologischen Machbarkeit darf noch nicht erbracht worden sein.
Die Mitglieder des Forscherteams müssen über einen akademischen Abschluss verfügen, die Gruppe muss über Technologieexpertise und unternehmerisches Potenzial verfügen und der Projektleiter muss Erfahrung im Projektmanagement nachweisen.

Die in den Förderphasen eingebundene Hochschule bzw. Forschungseinrichtung muss dem Forscherteam entsprechende Arbeitsmöglichkeiten zur Verfügung stellen und das Forscherteam in allen Belangen unterstützen.
In der Förderphase II müssen sich mehr als 50% der Geschäftsanteile im Eigentum der im Unternehmen tätigen Gründer befinden. Mindestens ein Mitglied des Forscherteams muss in die Geschäftsführung eingebunden und ausschließlich im Unternehmen tätig sein.
Die prinzipielle technische Machbarkeit der Innovation („proof of concept") muss gezeigt worden sein, zur Erstellung eines Prototyps bzw. zur Vermarktung eines technologischen Verfahrens müssen noch weitere Entwicklungsarbeiten erforderlich sein.
Es muss eine nachvollziehbare Unternehmenskonzeption (Businessplan) vorliegen und das Unternehmen muss spätestens zu Beginn der Förderphase II als Kapitalgesellschaft mit Unternehmenssitz in Deutschland gegründet werden.
Vorhaben, die durch andere Programme des Bundes, der Länder oder der Europäischen Kommission zur Projektförderung von Entwicklungsarbeiten in der Vorgründungs- oder Gründungsphase gefördert werden, sind von der Förderung ausgeschlossen. Dies gilt nicht für Kredit- oder Beteiligungsprogramme.

Art und Höhe der Förderung

Die Förderung erfolgt in Form eines Zuschusses.

Die Höhe der Förderung beträgt

in der Förderphase I für Hochschulen und außeruniversitäre Forschungseinrichtungen bis zu 100% der zuwendungsfähigen Ausgaben. Der Förderzeitraum beträgt bis zu 18 Monate, bei hochinnovativen und besonders zeitaufwändigen Entwicklungsvorhaben im Einzelfall bis zu 24 Monate und kann bei ungeplanten Verzögerungen der Entwicklungsarbeiten unter Beibehaltung des Fördervolumens um bis zu sechs Monate verlängert werden;
in der Förderphase II für das gewerbliche Unternehmen bis zu 150.000 €. Die Förderphase II soll grundsätzlich einen Zeitraum von 18 Monaten nicht überschreiten. Das Gründungsunternehmen muss zur Finanzierung der Förderphase II eigene Mittel in Form von Eigenkapital der Gründer sowie ggf. Beteiligungskapital im Verhältnis von 1:3 zur Höhe des Gründungszuschusses nachweisen.

Antragsverfahren

Das Förderverfahren ist zweistufig. In der ersten Stufe sind Projektskizzen für die Förderphase I vom 1. Januar bis 31. Januar und vom 1. Juli bis 31. Juli eines Kalenderjahrs bei dem vom Bundesministerium für Wirtschaft und Energie beauftragten Projektträger

Forschungszentrum Jülich GmbH
Projektträger Jülich (PtJ)
Außenstelle Berlin
Zimmerstraße 26–27
10969 Berlin
Tel: 030 / 2 01 99-5 92
Fax: 030 / 2 01 99-4 70
E-Mail: ptj-exist-forschungstransfer@fz-juelich.de
Web: www.ptj.de

einzureichen. Sechs Monate vor Ablauf von Förderphase I kann, sofern die Gründung weiterverfolgt wird, der Antrag auf Förderphase II vorgelegt werden.

Geltungsdauer

Förderanträge für Förderphase I können bis zum 31. Dezember 2015 gestellt werden. Die Geltungsdauer der Richtlinie ist bis zum 31. Dezember 2018 befristet.

Unternehmensfinanzierung Investitionszuschuss Wagniskapital

Ziel und Gegenstand

Das Bundesministerium für Wirtschaft und Energie fördert private Investoren (insbesondere Business Angels), die Gesellschaftsanteile an jungen, innovativen Unternehmen erwerben.

Ziel ist es, für private Investoren Anreize zu schaffen, Unternehmen privates Wagniskapital zur Verfügung zu stellen und dadurch die Finanzierungsbedingungen junger, innovativer Unternehmen zu verbessern.

Antragsberechtigte

Antragsberechtigt sind natürliche Personen, die Gesellschaftsanteile an einem innovativen, kleinen Unternehmen gemäß KMU-Definition der EU erwerben.
Die natürliche Person kann sich einer Beteiligungs-GmbH bedienen.

Voraussetzungen

Das Unternehmen muss als unabhängige Kapitalgesellschaft geführt oder gegründet werden, darf nicht älter als zehn Jahre sein und muss seinen Hauptsitz in der EU mit wenigstens einer Zweigniederlassung oder Betriebsstätte in Deutschland haben.
Das Unternehmen muss gemäß Handelsregisterauszug einer innovativen Branche angehören.
Der Anteilserwerb durch den Investor muss wirtschaftlich motiviert sein, auf Grundlage eines Business Plans erfolgen und darf nicht durch Kredite finanziert sein. Eine realistische Ausstiegsstrategie ist zu verfolgen.
Die Anteile müssen vollumfänglich an Chancen und Risiken beteiligt sein.
Zwischen dem Investor und dem Unternehmen dürfen keine risikomindernden Vereinbarungen geschlossen werden.
Der Anteilserwerb darf erst nach Antragstellung durch den Investor erfolgen. Bei Anteilserwerb vor Bewilligung trägt der Antragsteller das Risiko einer möglichen Nichtbewilligung.
Die Beteiligung muss für mindestens drei Jahre gehalten werden. Der Kaufpreis der Anteile muss mindestens 10.000 € betragen.
Der Investor oder eine ihm nahe stehende Person darf nicht mit dem Unternehmen verbunden sein.
Die Voraussetzungen müssen während der dreijährigen Mindesthaltedauer gegeben sein und entsprechend nachgewiesen werden.

Art und Höhe der Förderung

Die Förderung erfolgt in Form eines Zuschusses.
Die Höhe der Förderung beträgt 20% des Kaufpreises für den Anteilserwerb.
Je Investor werden pro Kalenderjahr maximal Anteilskäufe bis zu einem Betrag von 250.000 € bezuschusst, die maximale Fördersumme beträgt 50.000 €.
Je Unternehmen können Anteile im Wert von bis zu 1 Mio. € pro Jahr bezuschusst werden, die maximale Fördersumme beträgt 200.000 €.

Antragsverfahren

Anträge können über
www.bafa.de/bafa/de/wirtschaftsfoerderung/invest/index.html
des Bundesamtes für Wirtschaft und Ausfuhrkontrolle (BAFA)
Referat 416
Frankfurter Straße 29-35
65760 Eschborn

Tel: 06196 / 9 08-9 64
Fax: 06196 / 9 08-4 42
E-Mail: wagniskapital@bafa.bund.de
Web: www.bafa.de

gestellt werden.

Geltungsdauer

Anträge können bis zum 31. Dezember 2016 beim BAFA eingereicht werden (Ausschlussfrist).

Allgemeine Projektförderung der Kulturstiftung des Bundes

Ziel und Gegenstand

Die Kulturstiftung des Bundes unterstützt Kunst und Kultur im Rahmen der Zuständigkeit des Bundes. Der Schwerpunkt liegt auf innovativen Programmen und Projekten im internationalen Kontext.

Gefördert werden künstlerische Produktionen für alle nicht kommerziellen Sparten und Bereiche des Kulturschaffens (bildende Kunst, darstellende Kunst, Literatur, Musik, Film, Photographie, Architektur, kulturhistorische Ausstellungen, Neue Medien, verwandte Formen und Zwischenformen).

Antragsberechtigte

Antragsberechtigt sind Institutionen im In- und Ausland unabhängig von ihrer Rechtsform.

Voraussetzungen

Bei der zu fördernden Maßnahme muss es sich um ein Projekt im Sinne einer Produktion, Planung und/oder Durchführung einer einzelnen Veranstaltung oder eines Veranstaltungskomplexes (z.B. Ausstellung, Aufführung, Symposium) handeln.
Das zu fördernde Vorhaben soll einen internationalen Kontext aufweisen.
Es muss sich um ein allein für die Zukunft geplantes Projekt handeln.
Es muss sich um ein Projekt handeln, das keine Förderung von dem Beauftragten der Bundesregierung für Kultur und Medien oder einer von dieser ständig geförderten Einrichtung erhält.
Das Vorhaben muss einen gesicherten Anteil an Eigen- und/oder Drittmitteln in Höhe von mindestens 20% der Gesamtkosten des Projekts aufweisen.

Art und Höhe der Förderung

Die Förderung erfolgt als Zuschuss.
Die Höhe des Zuschusses beträgt bis zu 250.000 € je Projekt, mindestens jedoch 50.000 €.

Antragsverfahren

Anträge sind bis zum 31. Januar oder zum 31. Juli eines Jahres an die
Kulturstiftung des Bundes
Franckeplatz 1
06110 Halle an der Saale
Tel: 0345 / 29 97-0
Fax: 0345 / 29 97-3 33
E-Mail: info@kulturstiftung-bund.de
Web: www.kulturstiftung-bund.de
zu richten.

Bundesausbildungsförderungsgesetz (BAföG)

Ziel und Gegenstand

Auf der Grundlage des Bundesausbildungsförderungsgesetzes (BAföG) werden Ausbildungen an allgemein- und berufsbildenden Schulen, an Kollegs, Akademien und Hochschulen gefördert. Dies gilt für Ausbildungen an öffentlichen und gleichwertigen privaten Ausbildungsstätten. Ebenfalls förderfähig ist die Teilnahme an entsprechenden Fernunterrichtslehrgängen.

Ziel ist es, Jugendlichen und jungen Erwachsenen die Möglichkeit zu geben, unabhängig von ihrer sozialen und wirtschaftlichen Situation eine Ausbildung zu absolvieren, die ihren Fähigkeiten und Interessen entspricht.

Antragsberechtigte

Antragsberechtigt sind Personen mit deutscher Staatsangehörigkeit oder einem in § 8 aufgeführten aufenthaltsrechtlichen Status, die eine förderfähige Ausbildung absolvieren.

Voraussetzungen

Der Antragsteller muss die allgemeine Eignung für die gewählte Ausbildung besitzen.

Auszubildende können in der Regel nur gefördert werden, wenn sie die Ausbildung vor Vollendung des 30. Lebensjahres – bzw. bei Masterstudiengängen vor Vollendung des 35. Lebensjahres – beginnen.

Eine Förderung kann erfolgen, wenn die für den Lebensunterhalt und die Ausbildung erforderlichen Mittel anderweitig nicht zur Verfügung stehen.

Es sind Leistungen erforderlich, die erwarten lassen, dass das angestrebte Ausbildungsziel auch tatsächlich erreicht wird.

Auszubildende an Höheren Fachschulen, Akademien oder Hochschulen müssen zu Beginn des fünften Fachsemesters entsprechende Leistungsnachweise vorlegen. Falls Ausbildungs- und Prüfungsordnungen eine Zwischenprüfung oder einen entsprechenden Leistungsnachweis bereits vor Beginn des dritten Fachsemesters verbindlich vorschreiben, ist die Förderung auch im dritten und vierten Fachsemester von der Vorlage entsprechender Nachweise abhängig.

Art und Höhe der Förderung

Die Förderung erfolgt in Form von Zuschüssen und/oder Darlehen.

Grundsätzlich erhalten Schüler einen Vollzuschuss, Studierende und Auszubildende an Höheren Fachschulen und Akademien zur Hälfte einen Zuschuss und zur Hälfte ein zinsloses Staatsdarlehen.

Unter speziellen Voraussetzungen wird die Förderung als verzinsliches Bankdarlehen gewährt.
Die Höhe der Förderung ist abhängig von der Art der Ausbildungsstätte und der Unterbringung. Zusätzlich kann ein Kinderbetreuungszuschlag gezahlt werden. Die Höhe der Förderung richtet sich zudem nach dem gesetzlich festgelegten Bedarf und dem anzurechnenden Einkommen und Vermögen.

Antragsverfahren

Anträge müssen spätestens im Monat des Ausbildungsbeginns eingereicht werden. Bei verspäteten Anträgen beginnt die Förderung zu Beginn des Antragsmonats. Die Förderung beginnt frühestens zu Anfang des Monats, in dem die Ausbildung tatsächlich stattfindet.

Zuständig ist

- ➔ *für Studierende das Studentenwerk der Hochschule, an der sie eingeschrieben sind,*
- ➔ *für Auszubildende an Abendgymnasien, Kollegs, höheren Fachschulen und Akademien das Amt für Ausbildungsförderung, in dessen Bezirk sich die Ausbildungsstätte befindet,*
- ➔ *für alle anderen Schüler/-innen das Amt für Ausbildungsförderung der Stadt-/Kreisverwaltung am Wohnort der Eltern.*

Die Anschriften der Ämter für Ausbildungsförderung können im Internet unter www.bafög.de abgerufen werden.

Antragsformulare sind bei den zuständigen Ämtern oder im Internet erhältlich und sind im Original einzureichen.

Filmförderung

Ziel und Gegenstand

Die Bundesregierung fördert durch die Beauftragte für Kultur und Medien den deutschen Film und die deutsche Filmwirtschaft. In einem wesentlichen Teil wird die Filmförderung über Preisverleihungen realisiert. Neben den Preisvergaben werden auch unmittelbar projektbezogene Vorhaben in folgenden Bereichen unterstützt:

- *Produktionsförderung für programmfüllende Spiel- und Dokumentarfilme,*
- *Produktionsförderung für Kurzfilme,*
- *Produktionsförderung für Kinderfilme,*
- *Drehbuchförderung für programmfüllende Spielfilme,*
- *Drehbuchförderung für programmfüllende Kinderfilme,*
- *Projektentwicklung für programmfüllende Kinderfilme,*
- *Kopienförderung,*
- *Verleihförderung.*

Ziel ist es, den künstlerischen Rang des deutschen Films zu steigern, zur Verbreitung deutscher Filme beizutragen und die Entwicklung der Filmtheater als Kulturstätten zu fördern.

Antragsberechtigte

Antragsberechtigt sind je nach Maßnahme Produzenten, Hersteller, Regisseure, Autoren, Filmverleiher, Kinobetreiber und sonstige im Filmwesen tätige Personen, Institutionen und Organisationen.

Voraussetzungen

Es muss sich um einen deutschen Film handeln, d.h. der Regisseur muss Deutscher sein oder der Film muss einen besonderen Bezug zum deutschen Kulturraum aufweisen und mit erheblicher deutscher Beteiligung hergestellt worden sein.
Die Voraussetzungen der Förderungsfähigkeit gemäß § 15 Abs. 2, 3, §§ 16 bis 19 des Filmförderungsgesetzes müssen erfüllt sein.
Der Film muss für die öffentliche Vorführung in Filmtheatern in der Bundesrepublik Deutschland bestimmt und geeignet sein und nicht überwiegend werblichen Charakter haben oder werblichen Zwecken dienen.

Art und Höhe der Förderung

Die Förderung erfolgt durch

- *Verleihung von Auszeichnungen,*
- *Vergabe von Prämien oder*

- *Zuschüsse zur Projektförderungen.*

Die Höhe der Förderung richtet sich dem jeweiligen Förderbereich.

Antragsverfahren

Für Anträge und Einreichungen sind die dafür vorgesehenen Antragsformulare zu verwenden.

Weitere Informationen erteilt
Die Beauftragte der Bundesregierung für Kultur und Medien (BKM)
Dienstsitz Bonn
Referat K 35
Graurheindorfer Straße 198
53117 Bonn
Tel: 0228 / 9 96 81-35 43
Fax: 0228 / 9 96 81-35 21
E-Mail: K35@bkm.bund.de
Web: www.bundesregierung.de

Förderprogramm Entwicklungspolitische Bildung (FEB)

Ziel und Gegenstand

Das Bundesministerium für wirtschaftliche Zusammenarbeit und Entwicklung (BMZ) unterstützt die entwicklungspolitische Informations- und Bildungsarbeit.

Gefördert werden Projekte im Inland, darunter

- *Seminare und Tagungen,*
- *Unterrichtseinheiten und Projekttage,*
- *Kampagnen,*
- *Ausstellungen,*
- *entwicklungspolitisches Theater oder*
- *andere Formen innovativer Bildungsarbeit.*

Antragsberechtigte

Antragsberechtigt sind gemeinnützige Organisationen mit Sitz in Deutschland, u.a.

- *eingetragene gemeinnützige Vereine (Nichtregierungsorganisationen) oder gemeinnützige Organisationen mit entwicklungspolitischer Zielsetzung,*

- *Museen, Bibliotheken oder ähnliche Einrichtungen für ergänzende entwicklungspolitische Programme.*

Voraussetzungen

Das Vorhaben muss sich inhaltlich mit der Situation in den Entwicklungs- und Transformationsländern befassen und die Zusammenhänge und Ursachen von politischen, ökonomischen, ökologischen, sozialen und kulturellen Entwicklungen in den Industrie-, Entwicklungs- und Transformationsländern sichtbar machen.
Das Vorhaben muss die Vielfalt der Perspektiven zeigen und sich jeder Form von Einseitigkeit enthalten.
Das Projekt soll Bürgern aufzeigen können, wie sie sich entwicklungspolitisch relevant engagieren können.

- *Das Projekt muss sich insbesondere an die folgenden Zielgruppen wenden:*
- *Kinder und Jugendliche,*
- *Organisationen, Medien und Personen, die als Multiplikatoren Breitenwirkung erzielen,*
- *Teilnehmer punktueller entwicklungspolitischer Ereignisse,*
- *Personengruppen mit Migrationshintergrund.*

Der Antragsteller muss mindestens einen Eigenanteil von 25% der zuwendungsfähigen Gesamtausgaben erbringen.

Art und Höhe der Förderung

Die Förderung erfolgt als Zuschuss.
Die Höhe des Zuschusses beträgt bei Erstanträgen maximal 10.000 € für ein Kalenderjahr.

Antragsverfahren

Anträge sind bis spätestens zum 31. Oktober für das darauffolgende Kalenderjahr unter Verwendung der vorgesehenen Formulare an die
ENGAGEMENT GLOBAL gGmbH
Service für Entwicklungsinitiativen
Förderprogramm Entwicklungspolitische Bildung
Tulpenfeld 7

53113 Bonn
Hotline: 08 00 / 1 88 71 88
Tel: 0228 / 2 07 17-0
E-Mail: info@engagement-global.de
Web: www.engagement-global.de
zu stellen.

Initiative Inklusion

Ziel und Gegenstand

Als Maßnahme des Nationalen Aktionsplans der Bundesregierung zur Umsetzung der Behindertenrechtskonvention der Vereinten Nationen unterstützt das Bundesministerium für Arbeit und Soziales (BMAS) im Rahmen der Initiative Inklusion die Teilhabe schwerbehinderter Menschen am Arbeitsleben.
Gefördert werden Maßnahmen in den Handlungsfeldern

- *Berufsorientierung für schwerbehinderte Schüler,*
- *Schaffung neuer Ausbildungsplätze für schwerbehinderte junge Menschen in Betrieben und Dienststellen des allgemeinen Arbeitsmarktes und*
- *Schaffung neuer Arbeitsplätze für ältere schwerbehinderte Menschen.*

Ziel ist es, das selbstbestimmte Zusammenleben von Menschen mit und ohne Behinderung von Anfang an gemeinsam in allen Lebensbereichen zu ermöglichen und damit den Weg der Bundesrepublik Deutschland in eine inklusive Gesellschaft zu unterstützen.

Antragsberechtigte

Antragsberechtigt sind je nach Handlungsfeld die Träger der jeweiligen Maßnahme, wie z.B. natürliche und juristische Personen des öffentlichen und privaten Rechts, Unternehmen der gewerblichen Wirtschaft und öffentliche Einrichtungen.

Voraussetzungen

Die Ausgestaltung von Berufsorientierungsmaßnahmen ist in einer Vereinbarung zwischen dem jeweiligen Land und der zuständigen Regionaldirektion der Bundesagentur für Arbeit festzulegen.

Träger von Berufsorientierungsmaßnahmen müssen für die Durchführung der Maßnahme geeignet sein und eine ordnungsgemäße und erfolgreiche Durchführung gewährleisten.
Ausbildungsplätze müssen für schwerbehinderte junge Menschen neu geschaffen werden. Die Möglichkeiten des Berufsbildungsgesetzes und der Handwerksordnung sind zu nutzen.
Arbeitsplätze müssen mit schwerbehinderten Menschen besetzt werden, die das 50. Lebensjahr vollendet haben.

Art und Höhe der Förderung

Die Förderung erfolgt in Form eines Zuschusses.
Die Höhe der Förderung beträgt für Berufsorientierungsmaßnahmen:
abhängig von der Art der Maßnahme und den jeweiligen Bestimmungen des Landes
Ausbildungsplätze: bis zu 10.000 € je Ausbildungsplatz
Arbeitsplätze: bis zu 10.000 € je Arbeitsplatz

Antragsverfahren

Die Initiative Inklusion wird in enger Kooperation des BMAS mit den zuständigen Ministerien der Länder umgesetzt. Die Länder werden unter Berücksichtigung der regionalen Wirtschafts- und Arbeitsmarktstrukturen die auf Landesebene administrativ verantwortlichen Kooperationspartner einbeziehen. Für die Durchführung des Programms sind die zuständigen Ministerien der Länder verantwortlich.

Weitere Informationen erteilt das

Bundesministerium für Arbeit und Soziales (BMAS)
Wilhelmstraße 49
10117 Berlin
Tel: 030 / 1 85 27-0
Fax: 030 / 1 85 27-18 30
E-Mail: info@bmas.bund.de
Web: www.bmas.de

Geltungsdauer

Die Initiative Inklusion wird in den Jahren 2011 bis 2018 umgesetzt.

Initiative Musik – Künstlerförderung

Ziel und Gegenstand

Die Bundesregierung unterstützt Künstler im Bereich der Musikkultur und der Musikwirtschaft, insbesondere im Bereich der Rock-, Pop- und Jazzmusik.
Gefördert werden

- *Audio- und audiovisuelle Aufnahmen,*
- *Herstellung von Ton- und Bildtonträgern,*
- *Digitalisierung,*
- *Promotion- und Marketingmaßnahmen*
- *Konzertauftritte von Künstlern im Rahmen von Konzert- und sonstigen Veranstaltungstourneen,*
- *die Teilnahme an internationalen Musikwettbewerben oder Musikmessen/Showcases.*

Ziel ist es, den Nachwuchs zu fördern sowie einen Beitrag zur Verbreitung deutscher Musik im Ausland sowie zur Integration von Personen mit Migrationshintergrund zu leisten.

Antragsberechtigte

Antragsberechtigt sind Einzelkünstler und Künstlerensembles zusammen mit einem oder mehreren Unternehmen der Musikwirtschaft mit Wohn-/Firmensitz in Deutschland, wobei einer der Antragsteller auch einen Wohn-/Firmensitz im europäischen Wirtschaftsraum haben kann.

Voraussetzungen

Bei den Darbietungen bzw. Aufnahmen der antragstellenden Künstler sollte es sich in erster Linie um neugeschaffene Original-Musikwerke handeln.
Nachwuchskünstler sollten bisher nicht mehr als zwei Alben veröffentlicht haben, von denen bisher keines Goldstatus erreicht haben sollte.
Das Unternehmen sollte möglichst über eine Berufserfahrung von mindestens drei Jahren verfügen und, soweit es sich um ein kaufmännisches Unternehmen handelt, entsprechend amtlich registriert sein (Gewerbe-/ Handelsregisteranmeldung).

Von der Förderung ausgeschlossen sind Projekte, an denen mittelbar oder unmittelbar Unternehmen der öffentlichen Hand und/oder Rundfunk- und Fernsehunternehmen beteiligt sind.

Art und Höhe der Förderung

Die Förderung erfolgt in Form eines Zuschusses.
Die Höhe der Förderung beträgt bis zu 40% der jeweiligen Gesamtkosten pro Projekt, maximal 30.000 € pro Projekt und Jahr. Die beantragte Fördersumme muss mindestens 10.000 € betragen.
Pro Antragsteller können maximal 60.000 € pro Jahr gewährt werden.

Antragsverfahren

Anträge sind vor Beginn der zu fördernden Maßnahme unter Verwendung der Antragsformulare bei der
Initiative Musik gGmbH
Friedrichstraße 122
10117 Berlin
Tel: 030 / 53 14 75 45-0
Fax: 030 / 53 14 75 45-9
E-Mail: mail@initiative-musik.de
Web: www.initiative-musik.de
einzureichen.

KMU-innovativ: Gesundheitsforschung – Medizintechnik

Ziel und Gegenstand

Das Bundesministerium für Bildung und Forschung (BMBF) unterstützt in Verbindung mit dem Rahmenprogramm Gesundheitsforschung risikoreiche industrielle Forschungs- und vorwettbewerbliche Entwicklungsvorhaben von kleinen und mittleren Unternehmen (KMU) im Bereich der Medizintechnik.
Gefördert werden insbesondere:

- *Verbundprojekte mehrerer KMU, die die gemeinschaftliche Verwertung eines medizintechnischen Systems anstreben,*
- *Verbundprojekte, die die Grundlagen für eine spätere Produktentwicklung legen,*

- ➔ *Verbundprojekte, die die zwischenbetriebliche Wertschöpfungskette möglichst durchgängig abbilden sowie*
- ➔ *anspruchsvolle Einzelprojekte von KMU mit Entwicklungs- und Produktionskompetenz auf dem Gebiet der Medizintechnik.*

Ziel ist die Stärkung der KMU-Position bei dem beschleunigten Technologietransfer aus dem vorwettbewerblichen Bereich in die praktische Anwendung.

Antragsberechtigte

Antragsberechtigt sind kleine und mittlere Unternehmen (KMU) gemäß KMU-Definition EU sowie im Rahmen von Verbundprojekten auch Hochschulen, außeruniversitäre Forschungseinrichtungen und mittlere Unternehmen mit bis zu 500 Beschäftigten.
Forschungseinrichtungen, die gemeinsam von Bund und Ländern grundfinanziert werden, kann nur unter bestimmten Voraussetzungen eine Projektförderung für ihren zusätzlichen Aufwand bewilligt werden.

Voraussetzungen

Vorhaben müssen durch ein hohes wissenschaftlich-technisches Risiko gekennzeichnet sein und Anwender aus der Gesundheitsversorgung entsprechend der Nähe zur klinischen Anwendung aktiv einbinden.
Projekte ohne Beteiligung der gewerblichen Wirtschaft sind von der Förderung ausgeschlossen.
Im Falle von klinischen Studien müssen nationale rechtliche Vorgaben und internationale Standards eingehalten werden.
Antragsteller sollten sich im Umfeld des national beabsichtigten Projektes mit dem EU-Forschungsrahmenprogramm vertraut machen und prüfen, ob das beabsichtigte Projekt spezifische europäische Komponenten aufweist und damit eine ausschließliche oder ergänzende EU-Förderung möglich ist.
Die Partner eines Verbundprojekts haben ihre Zusammenarbeit in einer schriftlichen Kooperationsvereinbarung zu regeln.

Art und Höhe der Förderung

Die Förderung erfolgt in Form eines Zuschusses für einen Zeitraum von in der Regel bis zu drei Jahren.

Die Höhe der Förderung beträgt für Unternehmen der gewerblichen Wirtschaft i.d.R. bis zu 50% der zuwendungsfähigen Kosten, für Hochschulen und außeruniversitäre Forschungseinrichtungen bis zu 100% der zuwendungsfähigen Ausgaben. Die maximale Verbundförderquote beträgt 65% der Gesamtkosten bzw. -ausgaben. Die Bemessung der jeweiligen Förderquote muss den Gemeinschaftsrahmen der EU-Kommission für staatliche FuE-Beihilfen berücksichtigen. Dieser lässt für kleine und mittlere Unternehmen gemäß KMU-Definition der EU eine differenzierte Bonusregelung zu, die zu einer höheren Förderquote führen kann.

Antragsverfahren

Interessierten Unternehmen, insbesondere Erstantragstellern, wird empfohlen, sich für eine ausführliche Erstberatung mit der Förderberatung „Forschung und Innovation" des Bundes in Verbindung zu setzen.

Lotsendienst für Unternehmen
bei der Förderberatung „Forschung und Innovation" des Bundes
Forschungszentrum Jülich GmbH
Projektträger Jülich (PtJ)
Zimmerstraße 26-27
10969 Berlin
Tel: 0800 / 26 23 009 (kostenfrei)
Fax: 030 / 2 01 99-4 70
E-Mail: lotse@kmu-innovativ.de
Web: www.kmu-innovativ.de

Das Förderverfahren ist zweistufig. In der ersten Stufe sind Projektskizzen bei dem vom BMBF beauftragten Projektträger
VDI Technologiezentrum GmbH
Projektträger Medizintechnik
Johannisstraße 5-6
10117 Berlin
Tel: 030 / 2 75 95 06-41

Fax: 030 / 2 75 95 72-59
E-Mail: medtech@kmu-innovativ.de
Web: www.bmbf.de
einzureichen.

Bewertungsstichtage sind jeweils der 15. April und 15. Oktober.

Politische Bildung (BpB)

Ziel und Gegenstand

Die Bundesregierung fördert Maßnahmen zur politischen Bildung, die Kenntnisse über Gesellschaft und Staat, europäische und internationale Politik sowie politisch und sozial bedeutsamen Entwicklungen in Kultur, Wirtschaft, Technik und Wissenschaft vermittelt.
Die Veranstaltungen sollen die Urteilsbildung über gesellschaftliche und politische Vorgänge und Konflikte ermöglichen, zur Wahrnehmung eigener Rechte und Interessen befähigen und zur Beachtung der Pflichten und Verantwortlichkeiten gegenüber Mitmenschen, Gesellschaft und Umwelt, sowie zur Mitwirkung an der Gestaltung einer freiheitlichen und demokratischen Gesellschafts- und Staatsordnung anregen.

Antragsberechtigte

Antragsberechtigt sind Träger der politischen Bildung.

Voraussetzungen

Der Träger muss von der Bundeszentrale für politische Bildung anerkannt sein.
Die Teilnehmer der Veranstaltungen müssen mindesten 16 Jahre alt sein.
Die Mehrzahl der Teilnehmer einer Veranstaltung müssen in der Regel in Deutschland leben oder die deutsche Staatsbürgerschaft besitzen.
Die Thematik der Veranstaltung muss gemäß § 23 Bundeshaushaltsordnung (BHO) im erheblichen Bundesinteresse liegen und von überregionaler Bedeutung sein.
Die Durchführung soll den didaktischen Prinzipien der politischen Bildung entsprechen.

Bildungsvorhaben sind grundsätzlich im Inland, an Orten und deren Umgebung, an denen Organe der Europäischen Union ihren Sitz haben sowie in Ausnahmefällen auch an grenznahen Tagungsorten durchzuführen.
Die Maßnahme muss von mindestens zehn und maximal 80 Teilnehmern genutzt werden.

Art und Höhe der Förderung

Die Förderung wird als Zuschuss gewährt.
Pro Tag und Teilnehmer beträgt der Zuschuss bis zu 50 €.

Antragsverfahren

Der Jahresantrag und die Mitteilung über das Jahreskontingent sind an die
Bundeszentrale für politische Bildung (BpB)
Adenauerallee 86
53113 Bonn
Tel: 0228 / 9 95 15-0
Fax: 0228 / 9 95 15-1 13
E-Mail: info@bpb.de
Web: www.bpb.de
zu richten.

Europäische Förderprogramme 2014 - 2020

In diesem Kapitel möchten wir Ihnen einige Europäische Förderprogramme namentlich nennen und kurz vorstellen. Es lohnt sich, interessante Förderprogramme in regelmäßigen Abständen zu beobachten, um Antragsfristen und neue Ausschreibungen und Aktualisierungen nicht zu verpassen.

Aktionsprogramm im Bereich der Gesundheit (2014 - 2020)

Ziel und Gegenstand

Die Europäische Union unterstützt die Politik der Mitgliedstaaten zur Verbesserung der Gesundheit der Unionsbürger und zum Abbau gesundheitlicher Ungleichheiten.

Ziele des Programms sind

- *die Förderung der Gesundheit, Prävention von Krankheiten und Schaffung von guten Rahmenbedingungen für eine gesunde Lebensführung durch Ermittlung, Verbreitung und Förderung der Übernahme evidenzbasierter bewährter Verfahren zur kostenwirksamen Gesundheitsförderung und Prävention von Krankheiten,*
- *der Schutz der Unionsbürger vor schwerwiegenden grenzüberschreitenden Gesundheitsgefahren durch Ermittlung und Entwicklung kohärenter Konzepte und Förderung ihrer Umsetzung für eine bessere Abwehrbereitschaft und Koordinierung in gesundheitlichen Krisenfällen,*
- *die Förderung des Kapazitätsaufbaus im Gesundheitswesen als Beitrag zur Schaffung innovativer, effizienter und nachhaltiger Gesundheitssysteme*
- *die Erleichterung des Zugangs zu besserer und sicherer Gesundheitsversorgung für die Unionsbürgerinnen und -bürger.*

Antragsberechtigte

Förderberechtigt sind private und öffentliche Organisationen, die förderfähige Projekte im Bereich der Gesundheit durchführen.

Art und Höhe der Förderung

Die Förderung erfolgt durch Zuschüsse zur Finanzierung von Projekten, Programmen oder Betriebskosten. Die Höhe der Förderung beträgt bis zu 60%, in Ausnahmefällen bis zu 80% der förderfähigen Kosten. Darüber hinaus können im Rahmen des Programms auch öffentliche Aufträge vergeben werden.

Budget

Für die Durchführung des Programms stehen in den Jahren 2014 bis 2020 insgesamt 449,394 Mio. € zu jeweiligen Preisen zur Verfügung.

Antragsverfahren

Die Durchführung des Programms erfolgt auf der Grundlage von jährlichen Arbeitsprogrammen, die die Schwerpunkte und Voraussetzungen der Förderung konkretisieren.

Aufrufe zur Einreichung von Vorschlägen werden im Amtsblatt der Europäischen Union und auf den Internetseiten der Exekutivagentur für Verbraucher, Gesundheit und Lebensmittel sowie der Europäischen Kommission veröffentlicht.

Weiterführende Informationen:

Exekutivagentur für Verbraucher, Gesundheit und Lebensmittel
DROSBACH-Gebäude
12, rue Guillaume Kroll
L-1822 Luxemburg
Tel: 00800 / 67 89 10 11 (Europe Direct)
Tel: 00352 / 43 01-3 20 15
Fax: 00352 / 43 01-3 03 59
E-Mail: eahc@ec.europa.eu
Web: http://ec.europa.eu/chafea/index.html
Europäische Kommission
Generaldirektion Gesundheit und Verbraucherschutz
200, rue de la Loi
B-1049 Brüssel
Tel: 00322 / 2 99 11 11
E-Mail: sanco-mailbox@ec.europa.eu

Web: http://ec.europa.eu/health/index_de.htm

Die Mitgliedstaaten benennen nationale Anlaufstellen, die die Durchführung des Programms unterstützen. In Deutschland ist dies das Bundesministerium für Gesundheit (BMG).

Geltungsdauer

1. Januar 2014 bis 31. Dezember 2020.

COSME

Programm für die Wettbewerbsfähigkeit von Unternehmen und für kleine und mittlere Unternehmen (2014–2020)

Ziel und Gegenstand

Die Europäische Union fördert Maßnahmen zur Verbesserung der Wettbewerbsfähigkeit von Unternehmen mit besonderem Schwerpunkt auf kleinen und mittleren Unternehmen (KMU).

Unterstützt werden Maßnahmen

- ➔ *zur Verbesserung des Zugangs von KMU zu Finanzmitteln,*
- ➔ *zur Verbesserung des Marktzugangs von Unternehmen innerhalb und außerhalb der EU,*
- ➔ *zur Verbesserung der Rahmenbedingungen für die Wettbewerbsfähigkeit und Nachhaltigkeit von Unternehmen sowie*
- ➔ *zur Förderung der unternehmerischen Initiative.*

Darüber hinaus wird die Bereitstellung unterstützender Dienstleistungen für KMU durch das Enterprise Europe Network gefördert.

Ziele des Programms sind

- ➔ *die Stärkung der Wettbewerbsfähigkeit und Nachhaltigkeit von Unternehmen, insbesondere KMU*
- ➔ *die Förderung einer unternehmerischen Kultur und Unterstützung der Neugründung und des Wachstums von KMU.*

Antragsberechtigte

Begünstigte des Programms sind Unternehmen, insbesondere KMU, sowie öffentliche und private Akteure, die im Bereich der Unternehmensförderung tätig sind.

Art und Höhe der Förderung

Die Förderung erfolgt durch die Unterstützung von Finanzierungsinstrumenten sowie durch
Zuschüsse. Zu den Finanzierungsinstrumenten gehören eine Eigenkapitalfazilität und eine Kreditbürgschaftsfazilität.
Der Schwerpunkt der Eigenkapitalfazilität für Wachstum liegt auf Fonds, die Unternehmen in der Expansions- und Wachstumsphase, insbesondere grenzüberschreitend tätigen Unternehmen, Risikokapital und Mezzanine-Finanzierungen zur Verfügung stellen.
Die Finanzierungsinstrumente richten sich nicht unmittelbar an die begünstigten Unternehmen, sondern werden durch Finanzintermediäre auf europäischer, nationaler oder regionaler Ebene (u.a. die Europäische Investitionsbank (EIB) und der Europäische Investitionsfonds (EIF) umgesetzt.
Hinzu kommen Zuschüsse für Netzwerke, Pilot- und Demonstrationsprojekte, Technologievermarktungsprojekte, Analysen u.a., die im Rahmen spezifischer Bekanntmachungen vergeben werden.

Budget

Die Finanzausstattung für die Durchführung des Programms beläuft sich auf 2,298 Mrd. €, wovon mindestens 60% auf Finanzierungsinstrumente entfallen.

Antragsverfahren

Die Durchführung des Programms erfolgt auf der Grundlage jährlicher Arbeitsprogramme, die von der Kommission aufgestellt werden. Diese legen die Prioritäten, Maßnahmen, Teilnahmevoraussetzungen sowie Beteiligungsregeln fest.
Die Fördermittel für Unternehmen werden über sog. Finanzintermediäre ausgereicht oder im Rahmen spezifischer Aufforderungen zur Einreichung von Vorschlägen vergeben, die im EU-Amtsblatt und im Internet veröffentlicht werden. Eine unmittelbare Antragstellung durch Unternehmen ist im Rahmen des

Programms nicht möglich, außer bei Demonstrations- und Technologievermarktungsprojekten.
Ausschreibungen für Vernetzungsprojekte und Analysen richten sich insbesondere an öffentliche und private Innovationsakteure, aber auch Unternehmen können je nach Ausschreibung daran teilnehmen.

Weiterführende Informationen:

Enterprise Europe Network (EEN)
Web: www.een-deutschland.de
Europäische Kommission
Generaldirektion Unternehmen und Industrie
200, rue de la Loi
B-1049 Brüssel
Tel: 00800 / 67 89 10 11 (Europe Direct)
Tel: 00322 / 2 99 11 11
E-Mail: entr-cosme@ec.europa.eu
Web: http://ec.europa.eu/enterprise/initiatives/cosme/

Geltungsdauer

Das Programm gilt vom 1. Januar 2014 bis zum 31. Dezember 2020.

Erasmus+

Programm für allgemeine und berufliche Bildung, Jugend und Sport (2014–2020)

Ziel und Gegenstand

Das Programm bildet die Grundlage für die Förderung von Maßnahmen in den Bereichen allgemeine und berufliche Bildung, Jugend und Sport durch die Europäische Union in den Jahren 2014 bis 2020.

Schwerpunkte des Programms sind

die allgemeine und berufliche Bildung im Sinne des lebenslangen Lernens, einschließlich Schulbildung (Comenius), Hochschulbildung (Erasmus), internationale Hochschulbildung (Erasmus Mundus), berufliche Aus- und Weiterbildung (Leonardo da Vinci) und Erwachsenenbildung (Grundtvig), Jugend (Jugend in Aktion), insbesondere im Kontext des nicht formalen und des informellen Lernens, sowie Sport, insbesondere Breitensport.

Im Bereich allgemeine und berufliche Bildung werden folgende Maßnahmen unterstützt:

- *Lernmobilität von Einzelpersonen, insbesondere Studierenden, Berufsschülern, Auszubildenden, Schülern und Lehrpersonal,*
- *Zusammenarbeit zur Förderung von Innovation und zum Austausch von bewährten Verfahren, insbesondere strategische Partnerschaften, Partnerschaften zwischen der Arbeitswelt und Bildungs- und Berufsbildungseinrichtungen sowie IT-Plattformen,*
- *Unterstützung politischer Reformen sowie*
- *Jean-Monnet-Aktivitäten zur Förderung der Lehre und Forschung zur europäischen Integration.*

Im Bereich Jugend werden gefördert:

Lernmobilität von Einzelpersonen, insbesondere von jungen Menschen im Rahmen des Jugendaustauschs und des Europäischen Freiwilligendienstes sowie von Personen, die in der Jugendarbeit oder in Jugendorganisationen tätig sind, Zusammenarbeit zur Förderung von Innovation und zum Austausch von bewährten Verfahren, insbesondere strategische Partnerschaften und IT-Plattformen, Unterstützung politischer Reformen.

Im Bereich Sport werden gefördert:

- *Kooperationspartnerschaften,*
- *gemeinnützige europäische Sportveranstaltungen, an denen sich mehrere Programmländer beteiligen,*
- *Ausbau der Evidenzbasis für politische Entscheidungen sowie*
- *Dialog mit relevanten europäischen Beteiligten.*

Das Programm unterstützt auch die Zusammenarbeit zwischen der Union und Partnerländern (internationale Dimension).

Es werden ausschließlich Maßnahmen mit einem potenziellen europäischen Mehrwert unterstützt.

Antragsberechtigte

Antragsberechtigt sind alle öffentlichen oder privaten Einrichtungen, die in den Bereichen allgemeine und berufliche Bildung, Jugend und Breitensport tätig sind.
Art und Höhe der Förderung
Die Förderung erfolgt in Form von Zuschüssen oder Stipendien.
Die Höhe der Förderung ist von der Art der geplanten Maßnahme abhängig.
Im Rahmen des Programms wird zudem eine Bürgschaftsfazilität für Studiendarlehen eingerichtet. Diese stellt Finanzinstituten Bürgschaften zur teilweisen Besicherung von Darlehen an Studierende zur Finanzierung eines Auslandsstudiums in einem der Programmländer zur Verfügung. Die Verwaltung der Bürgschaftsfazilität erfolgt durch den Europäischen Investitionsfonds (EIF). Dieser schließt Vereinbarungen mit zwischengeschalteten Finanzinstituten ab, die Studiendarlehen vergeben.

Budget

Die Finanzausstattung für die Durchführung des Programms in den Jahren 2014 bis 2020 beträgt insgesamt 14,775 Mrd. €.
Davon entfallen 77,5% auf die allgemeine und berufliche Bildung, 10% auf den Bereich Jugend, 3,5% auf die Bürgschaftsfazilität für Studiendarlehen, 1,9% auf Jean-Monnet-Aktivitäten und 1,8% auf Maßnahmen im Bereich Sport.

Antragsverfahren

Das Programm wird von der Europäischen Kommission auf Unionsebene und von den nationalen Agenturen auf nationaler Ebene in den Programmländern durchgeführt.

Die nationalen Agenturen sind für die Verwaltung folgender Maßnahmen zuständig:

➔ *„Lernmobilität von Einzelpersonen" mit Ausnahme der zur Erlangung von gemeinsamen Abschlüssen oder Doppel-/Mehrfachabschlüssen sowie im Rahmen von umfangreichen Freiwilligenprojekten organisierten Mobilität sowie der Bürgschaftsfazilität für Studiendarlehen,*

- *„strategische Partnerschaften“ im Rahmen der Maßnahme „Zusammenarbeit zur Förderung von Innovation und zum Austausch von bewährten Verfahren“,*
- *Verwaltung kleinerer Aktivitäten zur Förderung des strukturierten Dialogs im Jugendbereich im Rahmen der Maßnahme „Unterstützung politischer Reformen“.*

Die Durchführung des Programms erfolgt auf der Grundlage jährlicher Arbeitsprogramme. Die Arbeitsprogramme enthalten eine Beschreibung der zu finanzierenden Maßnahmen, Angaben zur Höhe der für jede Maßnahme vorgesehenen Mittel und – für die von den nationalen Agenturen verwalteten Maßnahmen – Angaben zur Aufteilung der Mittel auf die Mitgliedstaaten sowie einen vorläufigen Durchführungszeitplan.

Die Antragstellung erfolgt im Rahmen von Aufforderungen zur Einreichung von Vorschlägen, die im EU-Amtsblatt sowie im Internet veröffentlicht werden. Anträge müssen die in der vollständigen Fassung der Aufforderung genannten Kriterien erfüllen und unter Verwendung der vorgesehenen Formulare eingereicht werden.

Nationale Agenturen in Deutschland:

Nationale Agentur Bildung für Europa
beim Bundesinstitut für Berufsbildung (NA beim BIBB)
Robert-Schuman-Platz 3
53175 Bonn
Tel: 0228 / 107-16 76
Fax: 0228 / 107-29 64
E-Mail: na@bibb.de
Web: www.na-bibb.de

Deutscher Akademischer Austauschdienst (DAAD)
Nationale Agentur für EU-Hochschulzusammenarbeit
Kennedyallee 50
53175 Bonn
Tel: 0228 / 8 82-5 78
Fax: 0228 / 8 82-5 55

E-Mail: eu-programm@daad.de
Web: https://eu.daad.de/de

Pädagogischer Austauschdienst der Kultusministerkonferenz (PAD)
Graurheindorfer Straße 157
53117 Bonn
Tel: 0228 / 5 01-2 45
Fax: 0228 / 5 01-3 33
E-Mail: pad@kmk.org
Web: www.kmk-pad.org

Nationale Agentur JUGEND für Europa
Godesberger Allee 142-148
53175 Bonn
Tel: 0228 / 95 06-2 20
Fax: 0228 / 95 06-2 22
E-Mail: jfe@jfemail.de
Web: www.jugendfuereuropa.de

Europäische Kommission:
Exekutivagentur Bildung, Audiovisuelles und Kultur
Avenue du Bourget 1
B-1140 Brüssel
Tel: 00322 / 2 99 11 11
E-Mail: eacea-info@ec.europa.eu
Web: http://eacea.ec.europa.eu/index_en.php

Europäische Kommission
Generaldirektion Bildung und Kultur
200, rue de la Loi
B-1049 Brüssel
Tel: 00322/ 2 99 11 11
E-Mail: eac-info@ec.europa.eu
Web: http://ec.europa.eu/dgs/education_culture/

Geltungsdauer

1. Januar 2014 bis 31. Dezember 2020

Europäische territoriale Zusammenarbeit (ETZ)

Ziel und Gegenstand

Die Europäische Union unterstützt aus Mitteln des EFRE die Durchführung grenzübergreifender, transnationaler und interregionaler Kooperationsprogramme. Mitfinanziert wird

- *die grenzübergreifende Zusammenarbeit angrenzender Regionen*
- *die transnationale Zusammenarbeit in größeren transnationalen Gebieten, an der nationale, regionale und lokale Partner beteiligt sind, sowie*
- *die interregionale Zusammenarbeit.*

Schwerpunkte der Europäischen territorialen Zusammenarbeit sind:

- *die Förderung der Zusammenarbeit zwischen Unternehmen, insbesondere kleinen und mittleren Unternehmen (KMU),*
- *die Förderung des grenzübergreifenden Informationsaustauschs,*
- *die Unterstützung einer umweltfreundlichen, ressourceneffizienten und wettbewerbsfähigen Wirtschaft, u.a. durch die Förderung einer nachhaltigen grenzübergreifenden Mobilität,*
- *die Förderung einer hohen Beschäftigungsquote, die zu sozialem und territorialem Zusammenhalt führt, u.a. durch Aktivitäten zur Förderung von nachhaltigem Tourismus, Kultur- und Naturerbe als Bestandteil einer territorialen Strategie, die auf ein beschäftigungsfreundliches Wachstum abzielt, sowie*
- *der Ausbau bzw. die Verbesserung der Verwaltungskapazitäten.*

Antragsberechtigte

Die Antragsberechtigung für spezifische Vorhaben ergibt sich aus den jeweiligen regionalen Kooperationsprogrammen.

Neben den Mitgliedstaaten der Europäischen Union können sich auch benachbarte Drittstaaten an den Kooperationsprogrammen beteiligen.

Art und Höhe der Förderung

Der Europäische Fonds für regionale Entwicklung (EFRE) beteiligt sich an der Kofinanzierung der Kooperationsprogramme.
Art und Umfang der Förderung einzelner Vorhaben wird in den Kooperationsprogrammen festgelegt.

Budget

Für die Europäische territoriale Zusammenarbeit stehen in den Jahren 2014 bis 2020 insgesamt 2,75% der aus dem EFRE, dem ESF und dem Kohäsionsfonds verfügbaren Gesamtmittel zur Verfügung. Dies sind insgesamt 8,948 Mrd. €.

Antragsverfahren

Die Maßnahmen werden in Form von Kooperationsprogrammen durchgeführt.
Die teilnehmenden Länder benennen Verwaltungs-, Bescheinigungs- und Prüfbehörden, die für die Durchführung der Programme verantwortlich sind.

Weiterführende Informationen:

Europäische Kommission
Generaldirektion Regionalpolitik
200, rue de la Loi
B-1049 Brüssel
Tel: 00322 / 2 96 06 34
Fax: 00322 / 2 96 60 03
E-Mail: regio-info@ec.europa.eu
Web: http://ec.europa.eu/regional_policy/thefunds/index_de.cfm

Geltungsdauer

1. Januar 2014 bis 31. Dezember 2020.

Europäischer Fonds für regionale Entwicklung (EFRE)

Ziel und Gegenstand

Aufgabe des Europäischen Fonds für regionale Entwicklung (EFRE) ist es, durch die Beseitigung von Ungleichheiten zwischen den verschiedenen Regionen den wirtschaftlichen, sozialen und territorialen Zusammenhalt in der Europäischen Union zu stärken.

Schwerpunkte der Förderung sind

- ➔ *Forschung und Entwicklung sowie Innovation,*
- ➔ *Verbesserung des Zugangs zu und der Qualität von Informations- und Kommunikationstechnologien (IKT),*
- ➔ *Stärkung der Wettbewerbsfähigkeit von kleinen und mittleren Unternehmen (KMU),*
- ➔ *Verringerung der CO 2-Emissionen in allen Bereichen der Wirtschaft sowie Anpassung an den Klimawandel,*
- ➔ *Erhaltung und Schutz der Umwelt sowie Förderung der Ressourceneffizienz,*
- ➔ *Förderung von Nachhaltigkeit im Verkehr und Beseitigung von Engpässen in wichtigen Netzinfrastrukturen,*
- ➔ *Förderung der Beschäftigung und Unterstützung der Mobilität der Arbeitskräfte,*
- ➔ *Förderung der sozialen Inklusion und Bekämpfung von Armut und Diskriminierung,*
- ➔ *Investitionen in Aus- und Weiterbildung,*
- ➔ *Verbesserung der institutionellen Kapazitäten und effektive öffentliche Verwaltung.*

Die Investitionen werden – abhängig von der Regionenkategorie – auf vier Schlüsselprioritäten konzentriert: Innovation und Forschung, digitale Agenda, Förderung kleiner und mittlerer Unternehmen und CO 2-arme Wirtschaft.
Besonderes Gewicht legt der EFRE zudem auf die Förderung der nachhaltigen Stadtentwicklung.

Antragsberechtigte

Die Antragsberechtigung richtet sich nach den nationalen und regionalen Programmen, auf deren Grundlage die Mittel des EFRE ausgereicht werden.

Art und Höhe der Förderung

Der Fonds trägt zur Kofinanzierung nationaler und regionaler Programme bei.
Für die Beteiligung des Fonds bestehen grundsätzlich folgende Obergrenzen:

- *50% der zuschussfähigen Ausgaben in stärker entwickelten Regionen,*
- *60% der zuschussfähigen Ausgaben in Übergangsregionen,*
- *85% der zuschussfähigen Ausgaben in weniger entwickelten Regionen.*

Budget

Das Gesamtbudget für die Kohäsionspolitik aus den Strukturfonds (ESF und EFRE) sowie dem Kohäsionsfonds beläuft sich für den Zeitraum 2014 bis 2020 auf rund 325 Mrd. €.

Antragsverfahren

Die Mitgliedstaaten schließen Partnerschaftsvereinbarungen mit der Kommission, die alle Unterstützungsleistungen aus den Struktur- und Investitionsfonds im betreffenden Mitgliedstaat umfassen. Die Mitgliedstaaten erstellen die Partnerschaftsvereinbarung gemeinsam mit den zuständigen regionalen und lokalen Stellen vor Ort.
Die Maßnahmen des Fonds werden in den Mitgliedstaaten in Form von operationellen Programmen durchgeführt. Jedes operationelle Programm gilt für einen Zeitraum zwischen dem 1. Januar 2014 und dem 31. Dezember 2020.
Die Mitgliedstaaten benennen die Verwaltungs-, Bescheinigungs- und Prüfbehörden, die für die Durchführung der operationellen Programme verantwortlich sind.
In Deutschland koordiniert das Bundesministerium für Wirtschaft und Energie als federführendes Bundesressort und Europaministerium die beiden Strukturfonds EFRE und ESF.

Weitere Informationen:

Europäische Kommission
Generaldirektion Regionalpolitik
200, rue de la Loi
B-1049 Brüssel
Tel: 00322 / 2 96 06 34
Fax: 00322 / 2 96 60 03
E-Mail: regio-info@ec.europa.eu
Web: http://ec.europa.eu/regional_policy/index_fr.cfm

Geltungsdauer

1. Januar 2014 bis 31. Dezember 2020

Europa für Bürgerinnen und Bürger

Ziel und Gegenstand

Die Europäische Union fördert Vorhaben auf transnationaler Ebene oder mit europäischer Dimension, die dazu beitragen,
den Informationsstand der Bürger über die Union zu verbessern, eine stärkere Sensibilisierung für die gemeinsame Geschichte und die gemeinsamen Ziele und Werte in der Europäischen Union zu erreichen sowie
die Unionsbürgerschaft zu fördern und die Voraussetzungen für eine demokratische Bürgerbeteiligung auf Unionsebene zu verbessern.

Das Programm gliedert sich in die beiden Bereiche
Europäisches Geschichtsbewusstsein und
Demokratisches Engagement und Bürgerbeteiligung.

Mitfinanziert werden u.a.

- → *Bürgerbegegnungen, Städtepartnerschaften, Netze von Partnerstädten und andere Austauschaktivitäten,*
- → *das Geschichtsbewusstsein betreffende Projekte mit europäischer Dimension,*
- → *Einrichtungen und Kontaktstellen,*
- → *Studien sowie*
- → *Veranstaltungen und andere Sensibilisierungs- und Verbreitungsaktivitäten.*

Antragsberechtigte

Antragsberechtigt sind alle Akteure, die die europäische Bürgerschaft und Integration fördern, insbesondere lokale und regionale Behörden bzw. Einrichtungen, Städtepartnerschaften, Organisationen der Zivilgesellschaft sowie Kultur-, Jugend-, Bildungs- und Forschungsorganisationen.
Die Teilnahme am Programm steht neben den EU-Mitgliedstaaten den EFTA-/EWR-Staaten sowie unter bestimmten Voraussetzungen den Beitritts- und Bewerberländern bzw. potenziellen Bewerberländern offen.

Budget

Die Finanzausstattung für die Durchführung des Programms beträgt in den Jahren 2014 bis 2020 insgesamt 185,468 Mio. €.

Art und Höhe der Förderung

Die Förderung wird in Form von Zuschüssen gewährt.
Darüber hinaus können auch öffentliche Aufträge vergeben werden.

Antragsverfahren

Die Durchführung des Programms erfolgt auf der Grundlage von Jahresarbeitsprogrammen, die die Ziele, die erwarteten Ergebnisse, eine Beschreibung der zu finanzierenden Aktionen, Angaben über den Umfang der Förderung und einen Zeitplan enthalten.
Die Kommission veröffentlicht Aufforderungen zur Einreichung von Vorschlägen im EU-Amtsblatt, Ausgabe C, sowie im Internet.

Weiterführende Informationen:

Exekutivagentur Bildung, Audiovisuelles und Kultur
Abteilung C1
Avenue du Bourget 1
B-1140 Brüssel
Tel: 00322 / 2 99 11 11
E-Mail: eacea-info@ec.europa.eu
Web: http://eacea.ec.europa.eu/index_en.php
Europäische Kommission
Generaldirektion Bildung und Kultur
200, rue de la Loi
B-1049 Brüssel
Tel: 00322 / 2 99 11 11
E-Mail: eac-info@ec.europa.eu
Web: http://ec.europa.eu/citizenship/

Geltungsdauer

1. Januar 2014 bis 31. Dezember 2020.

Europäischer Landwirtschaftsfonds für die Entwicklung des ländlichen Raums (ELER)

Ziel und Gegenstand

Der Europäische Landwirtschaftsfonds für die Entwicklung des ländlichen Raums (ELER) bildet die Grundlage für die Förderung der ländlichen Räume durch die Europäische Union. Er ergänzt die Instrumente der Gemeinsamen Agrarpolitik (GAP), die Kohäsionspolitik (ESF, EFRE, KF) und der gemeinsamen Fischereipolitik (EMFF).

Ziele des Fonds sind

- *die Förderung der Wettbewerbsfähigkeit der Landwirtschaft,*
- *die Gewährleistung der nachhaltigen Bewirtschaftung der natürlichen Ressourcen und des Klimaschutzes,*
- *die ausgewogene räumliche Entwicklung der ländlichen Wirtschaft und der ländlichen Gemeinschaften, einschließlich der Schaffung und des Erhalts von Arbeitsplätzen.*

Mitfinanziert werden insbesondere folgende Maßnahmen:

- *Wissenstransfer und Informationsmaßnahmen,*
- *Beratungs-, Betriebsführungs- und Vertretungsdienste,*
- *Qualitätsregelungen für Agrarerzeugnisse und Lebensmittel,*
- *Investitionen in materielle Vermögenswerte,*
- *Wiederaufbau von durch Naturkatastrophen und andere Katastrophen geschädigtem landwirtschaftlichem Produktionspotenzial sowie Einführung vorbeugender Maßnahmen,*
- *Entwicklung landwirtschaftlicher Betriebe und anderer Unternehmen, u.a. durch Existenzgründungsbeihilfen und Investitionen in die Schaffung und Entwicklung nichtlandwirtschaftlicher Tätigkeiten,*
- *Basisdienstleistungen und Dorferneuerung in ländlichen Gebieten,*
- *Investitionen in die Entwicklung von Waldgebieten und Verbesserung der Lebensfähigkeit von Wäldern,*
- *Aufforstung und Anlage von Wäldern,*
- *Einrichtung von Agrarforstsystemen,*

- *Vorbeugung von Schäden und Wiederherstellung des ursprünglichen Zustands von Wäldern nach Waldbränden, Naturkatastrophen und anderen Katastrophen,*
- *Investitionen zur Stärkung der Widerstandsfähigkeit und des ökologischen Werts der Waldökosysteme,*
- *Investitionen in Techniken der Forstwirtschaft sowie in die Verarbeitung, Mobilisierung und Vermarktung forstwirtschaftlicher Erzeugnisse,*
- *Gründung von Erzeugergemeinschaften und -organisationen,*
- *Agrarumwelt- und Klimamaßnahmen,*
- *Ökologischer bzw. biologischer Landbau,*
- *Zahlungen im Rahmen von Natura 2000 und der Wasserrahmenrichtlinie,*
- *Zahlungen für aus naturbedingten oder anderen spezifischen Gründen benachteiligte Gebiete,*
- *Tierschutz,*
- *Waldumwelt- und -klimadienstleistungen und Erhaltung der Wälder,*
- *Zusammenarbeit von Akteuren des Agrar- oder Forstsektors untereinander und mit anderen Akteuren,*
- *Risikomanagement durch Ernte-, Tier- und Pflanzenversicherungen, Fonds auf Gegenseitigkeit oder Instrumente zur Einkommensstabilisierung.*

Einen weiteren Förderschwerpunkt bilden Maßnahmen zur lokalen Entwicklung, die von lokalen Aktionsgruppen initiiert und durchgeführt werden (LEADER-Maßnahmen).

Antragsberechtigte

Die Antragsberechtigung richtet sich nach den nationalen und regionalen Programmen, auf deren Grundlage die Mittel des ELER ausgereicht werden.

Art und Höhe der Förderung

Der Fonds trägt zur Kofinanzierung nationaler und regionaler Programme bei.
Für die Beteiligung des Fonds gelten grundsätzlich folgende Obergrenzen:
53% der zuschussfähigen Ausgaben in stärker entwickelten Regionen,
63% bzw. 75% der zuschussfähigen Ausgaben in Übergangsregionen und
85% der zuschussfähigen Ausgaben in weniger entwickelten Regionen.

Der Mindestsatz der ELER-Beteiligung beträgt 20%.

Budget
Das Gesamtbudget für die EU-Förderung aus dem ELER beläuft sich für den Zeitraum 2014 bis 2020 auf rund 84,936 Mrd. €.
In Deutschland stehen zwischen 2014 und 2020 jährlich rund 1,4 Mrd. € zur Verfügung. Diese werden durch nationale Mittel von Bund, Ländern und Kommunen verstärkt.

Antragsverfahren
Die Förderung wird in den Mitgliedstaaten in Form von Entwicklungsprogrammen für den ländlichen Raum umgesetzt. Jedes Entwicklungsprogramm gilt für einen Zeitraum zwischen dem 1. Januar 2014 und dem 31. Dezember 2020.
Die Mitgliedstaaten benennen die Verwaltungs-, Bescheinigungs- und Prüfbehörden, die für die Durchführung der Entwicklungsprogramme verantwortlich sind.

Weiterführende Informationen:
Bundesministerium für Ernährung und Landwirtschaft (BMEL)
Rochusstraße 1
53123 Bonn
Tel: 01888 / 5 29 0
Fax: 01888 / 5 29 42 62
E-Mail: poststelle@bmelv.bund.de
Web: www.bmelv.de

Deutsche Vernetzungsstelle Ländliche Räume (DVS)
in der Bundesanstalt für Landwirtschaft und Ernährung (BLE)
Deichmanns Aue 29
53179 Bonn
Tel: 0228 / 68 45-37 22
Fax: 0228 / 68 45-33 61
E-Mail: dvs@ble.de
Web: www.netzwerk-laendliche-raeume.de

Europäische Kommission
Generaldirektion Landwirtschaft
200, rue de la Loi
B-1049 Brüssel
Tel: 00322 / 2 95 32 40
Fax: 00322 / 2 95 01 30
E-Mail: agri-library@ec.europa.eu
Web: http://ec.europa.eu/agriculture/rurdev/

Geltungsdauer
1. Januar 2014 bis 31. Dezember 2020.

Europäischer Sozialfonds (ESF)

Ziel und Gegenstand
Der Europäische Sozialfonds (ESF) bildet das zentrale Finanzierungsinstrument der Europäischen Union für Investitionen in die Aus- und Weiterbildung sowie die Beschäftigung. Ziel des ESF ist es, zum wirtschaftlichen, sozialen und territorialen Zusammenhalt in der EU beizutragen.

Schwerpunkte des ESF sind:
- ➔ *die Förderung nachhaltiger und hochwertiger Beschäftigung und die Unterstützung der Mobilität der Arbeitskräfte,*
- ➔ *die Förderung der sozialen Inklusion und die Bekämpfung von Armut und Diskriminierung,*
- ➔ *Investitionen in die Aus- und Weiterbildung,*
- ➔ *die Verbesserung der institutionellen Kapazitäten von Behörden und Interessenträgern und der effizienten öffentlichen Verwaltung.*

Der ESF trägt darüber hinaus zur Erreichung anderer thematischer Ziele der Kohäsionspolitik bei, insbesondere zur Förderung der Umstellung auf eine CO_2-arme, klimaschonende und ressourceneffiziente Wirtschaft, zur Förderung der Nutzung der Informations- und Kommunikationstechnologien, zur Verstärkung von Forschung, Entwicklung und Innovation sowie zur Verbesserung der Wettbewerbsfähigkeit kleiner und mittlerer Unternehmen (KMU).

Besonderes Gewicht legt der ESF auf die Förderung

- *der Gleichstellung von Frauen und Männern,*
- *der Chancengleichheit und Nichtdiskriminierung,*
- *der sozialen Innovation und*
- *der transnationalen Zusammenarbeit.*

Mindestens 20% der in jedem Mitgliedstaat zur Verfügung stehenden ESF-Mittel werden für das thematische Ziel „Förderung der sozialen Inklusion und Bekämpfung der Armut und Diskriminierung" bereitgestellt.
Mit der Beschäftigungsinitiative für junge Menschen wird im Rahmen des ESF die Bekämpfung der Jugendarbeitslosigkeit in Regionen der Union mit hoher Jugendarbeitslosigkeit unterstützt.

Antragsberechtigte

Die Antragsberechtigung richtet sich nach den nationalen und regionalen Programmen, auf deren Grundlage die Mittel des ESF ausgereicht werden.

Art und Höhe der Förderung

Der Fonds trägt zur Kofinanzierung nationaler und regionaler Programme bei.
Für die Beteiligung des Fonds bestehen grundsätzlich folgende Obergrenzen:
50% der zuschussfähigen Ausgaben in stärker entwickelten Regionen,
60% der zuschussfähigen Ausgaben in Übergangsregionen,
85% der zuschussfähigen Ausgaben in weniger entwickelten Regionen.

Budget

Das Gesamtbudget für die Kohäsionspolitik aus den Strukturfonds (ESF und EFRE) sowie dem Kohäsionsfonds beläuft sich für den Zeitraum 2014 bis 2020 auf rund 325 Mrd. €, darunter 3,0 Mrd. € als besondere Mittelzuweisung zugunsten der Beschäftigungsinitiative für junge Menschen.

Antragsverfahren

Die Mitgliedstaaten schließen Partnerschaftsvereinbarungen mit der Kommission, die alle Unterstützungsleistungen aus den Struktur- und Investitionsfonds im betreffenden Mitgliedstaat umfassen. Die Mitgliedstaaten erstellen die Partnerschaftsvereinbarung gemeinsam mit den zuständigen regionalen und lokalen Stellen vor Ort.

Die Maßnahmen des Fonds werden in den Mitgliedstaaten in Form von operationellen Programmen durchgeführt. Jedes operationelle Programm gilt für einen Zeitraum zwischen dem 1. Januar 2014 und dem 31. Dezember 2020.

Die Mitgliedstaaten benennen die Verwaltungs-, Bescheinigungs- und Prüfbehörden, die für die Durchführung der operationellen Programme verantwortlich sind. Informationen über die Umsetzung des ESF in Deutschland sowie die Ansprechpartner auf Bundes- und Landesebene können im Internet unter www.esf.de abgerufen werden.

Weiterführende Informationen:

Europäische Kommission
Generaldirektion Beschäftigung, Soziales und Integration
200, rue de la Loi
B-1049 Brüssel
Tel: 00322 / 2 99 11 11
Fax: 00322 / 2 99 59 18
E-Mail: empl-info@ec.europa.eu
Web: http://ec.europa.eu/social/

Kontaktstelle des Bundes:
Bundesministerium für Arbeit und Soziales (BMAS)
Referat EF 1 – Europäischer Sozialfonds: Verwaltungsbehörde
Rochusstraße 1
53123 Bonn
E-Mail: esf@bmas.bund.de
Web: www.esf.de

Geltungsdauer

1. Januar 2014 bis zum 31. Dezember 2020

Europäisches Nachbarschafts- und Partnerschaftsinstrument (ENPI)

Ziel und Gegenstand

Das Europäische Nachbarschafts- und Partnerschaftsinstrument bildet die Grundlage für die Bereitstellung der EU-Gemeinschaftshilfe für Länder, die zurzeit keine Beitrittsperspektive haben und die Adressaten der Europäischen Nachbarschaftspolitik sind. Ziel ist die Schaffung besonderer Beziehungen, die auf Zusammenarbeit, Frieden und Sicherheit, gegenseitiger Rechenschaftspflicht und einem gemeinsamen Bekenntnis zu den universellen Werten Demokratie, Rechtsstaatlichkeit und Achtung der Menschenrechte beruhen.

Die Gemeinschaftshilfe dient der Förderung der Zusammenarbeit und der fortschreitenden wirtschaftlichen Integration zwischen der Union und den Partnerländern. Sie unterstützt insbesondere die Umsetzung bestehender und zukünftiger Abkommen und fördert die politische und wirtschaftliche Entwicklung der Partnerländer.

Zu den Einzelzielen gehören:

- ➔ *Förderung der Achtung der Menschenrechte, der Grundfreiheiten und der Rechtsstaatlichkeit sowie die Bekämpfung von Korruption,*
- ➔ *Bekämpfung der Armut, soziale Entwicklung und Gleichstellung der Geschlechter,*
- ➔ *schrittweise Integration in den Binnenmarkt der Union und eine engere sektorspezifische und sektorübergreifende Zusammenarbeit,*
- ➔ *Verbesserung der Organisation der legalen Einwanderung,*
- ➔ *vertrauensbildende Maßnahmen für gutnachbarliche Beziehungen sowie*
- ➔ *Zusammenarbeit auf subregionaler und regionaler Ebene.*

Antragsberechtigte

Die Gemeinschaftshilfe kommt folgenden Partnerländern zugute: Algerien, Armenien, Aserbaidschan, Belarus, Ägypten, Georgien, Israel, Jordanien, Libanon,

Libyen, Moldau, Marokko, Syrien, Tunesien und Ukraine sowie dem besetzten palästinensischen Gebiet.
Die Russische Föderation zählt nicht zu den Partnerländern, gleichwohl kann die Unterstützung im Rahmen des ENPI auch eingesetzt werden, um der Russischen Föderation die Teilnahme an der grenzüberschreitenden Zusammenarbeit, an regionaler Zusammenarbeit sowie an den einschlägigen Mehrländerprogrammen zu ermöglichen.
Förderfähig sind insbesondere die Partnerländer bzw. -regionen, deren Einrichtungen sowie Gebietskörperschaften, internationale und transnationale Organisationen, Nichtregierungsorganisationen sowie Unternehmen und andere Akteure, die die Voraussetzungen des Programms erfüllen.

Art und Höhe der Förderung
Die Gemeinschaftshilfe wird in Form von nicht rückzahlbaren Zuschüssen gewährt.

Budget
Für die Durchführung des Programms stehen in den Jahren 2014 bis 2020 insgesamt 15,433 Mrd. € zur Verfügung.

Antragsverfahren
Das Europäische Nachbarschafts- und Partnerschaftsinstrument wird durchgeführt auf der Grundlage von

- *bilateralen Programmen,*
- *Mehrländerprogrammen, die auf die Bewältigung von Herausforderungen, vor denen alle oder mehrere Partnerländer stehen, ausgerichtet sind, sowie*
- *Programmen der grenzüberschreitenden Zusammenarbeit zwischen Mitgliedstaaten und Partnerländern und/oder der Russischen Föderation in den Gebieten beiderseits der Außengrenzen der Gemeinschaft*

Weiterführende Informationen:
Dienst für außenpolitische Instrumente (FPI)
9A Rond-Point Schuman
B-1040 Brüssel

Tel: 00322 / 5 84 11 11
Web: http://ec.europa.eu/dgs/fpi/

Europäische Kommission
Generaldirektion Außenbeziehungen
200, rue de la Loi
B-1049 Brüssel
Tel: 00322 / 2 99 11 11
E-Mail: enp-info@ec.europa.eu
Web: http://eeas.europa.eu/index_de.htm

Geltungsdauer

1. Januar 2014 bis 31. Dezember 2020.

Finanzierungsinstrument für die Entwicklungszusammenarbeit

Ziel und Gegenstand

Die Verordnung bildet die Grundlage für die Finanzierung der Entwicklungszusammenarbeit zwischen der Europäischen Union und den jeweiligen Partnerländern. Die Entwicklungszusammenarbeit wird durch geografische und thematische Programme sowie ein afrikaweites Programm umgesetzt.

Die geografischen Programme bündeln die Zusammenarbeit mit den Entwicklungsländern, die in der OECD/DAC-Liste der Empfänger öffentlicher Entwicklungshilfe aufgeführt sind und die nicht durch andere Instrumente der EU-Außenhilfe (AKP-Partnerschaftsabkommen, Europäischer Entwicklungsfonds, Europäisches Nachbarschaftsinstrument, Instrument für Heranführungshilfe) unterstützt werden.

Kooperationsbereiche sind die im „Europäischen Konsens“ zur Entwicklungspolitik der Union genannten Bereiche sowie:

- *Menschenrechte, Demokratie und verantwortungsvolle Staatsführung,*
- *integratives und nachhaltiges Wachstum zugunsten der, menschlichen Entwicklung,*

- *sonstige entwicklungsrelevante Bereiche wie Migration und Asyl, Verknüpfung von humanitärer Hilfe und Entwicklungszusammenarbeit, Widerstandsfähigkeit und Reduzierung des Katastrophenrisikos sowie Entwicklung und Sicherheit einschließlich Konfliktverhütung.*

Die thematischen Programme ergänzen die geografischen Programme. Sie ermöglichen die Durchführung von Maßnahmen mit überregionalem Charakter zu den Themen entwicklungsrelevante globale öffentliche Güter und Herausforderungen sowie zur Unterstützung von Organisationen der Zivilgesellschaft und lokaler Behörden in den Partnerländern.
Das afrikaweite Programm unterstützt die strategische Partnerschaft zwischen Afrika und der Union durch die Förderung regionenübergeifender, kontinentweiter oder globaler Tätigkeiten in Afrika und mit afrikanischen Staaten.

Vorrangige Ziele des Programms sind

- *die Verringerung und langfristig die Beseitigung der Armut,*
- *die Förderung einer nachhaltigen wirtschaftlichen, sozialen und ökologischen Entwicklung sowie*
- *die Unterstützung der Demokratie, der Rechtsstaatlichkeit, der verantwortungsvollen Staatsführung, der Menschenrechte und der Grundsätze des Völkerrechts.*

Antragsberechtigte

Förderfähig sind u.a. öffentliche Einrichtungen auf nationaler, regionaler und lokaler Ebene, Unternehmen, Nichtregierungsorganisationen, internationale Organisationen sowie natürliche Personen aus den EU-Mitgliedstaaten, den Partnerländern oder Drittländern, sofern sie die Voraussetzungen der Verordnung und der jeweiligen Programme erfüllen und einen Beitrag zur Verwirklichung der Ziele der Entwicklungszusammenarbeit leisten.

Art und Höhe der Förderung

Die Förderung erfolgt auf der Grundlage von Mehrjahresrichtprogrammen und jährlichen Arbeitsprogrammen, die von der Kommission ausgearbeitet werden.

Die Finanzierung erfolgt durch Zuschüsse. Die Höhe der Förderung sind abhängig vom jeweiligen Programm sowie von Art und Umfang der Maßnahme.
Darüber hinaus können öffentliche Aufträge vergeben und andere Finanzinstrumente eingesetzt werden.

Budget

Für die Durchführung der Verordnung stehen in den Jahren 2014 bis 2020 insgesamt 19,661 Mrd. € zu jeweiligen Preisen zur Verfügung.

Antragsverfahren

In den Arbeitsprogrammen werden die Ziele, die Interventionsbereiche, die erwarteten Ergebnisse, die Verwaltungsmodalitäten sowie der Gesamtbetrag der vorgesehenen Fördermittel festgelegt.
Aktuelle Ausschreibungen sowie Aufforderungen zur Einreichung von Vorschlägen können auf den Internetseiten von EuropeAid abgerufen werden.

Weiterführende Informationen:

Europäische Kommission
EuropeAid
200, rue de la Loi
B-1049 Brüssel
Tel: 00322 / 2 99 11 11
Web: http://ec.europa.eu/europeaid/

Geltungsdauer

1. Januar 2014 bis 31. Dezember 2020.

Finanzierungsinstrument für weltweite Demokratie und Menschenrechte

Ziel und Gegenstand

Die Europäische Union fördert die Entwicklung und Konsolidierung der Demokratie und der Rechtsstaatlichkeit sowie die Achtung der Menschenrechte und Grundfreiheiten in Drittländern.

Schwerpunkte der Förderung sind

- *die Unterstützung und Stärkung der Demokratie und von Demokratisierungsprozessen in Drittstaaten, vor allem mit Hilfe von Organisationen der Zivilgesellschaft auf lokaler, nationaler und internationaler Ebene,*
- *die Förderung und der Schutz der Menschenrechte und Grundfreiheiten, die in der Allgemeinen Erklärung der Menschenrechte der UN und sonstigen internationalen und regionalen Verträgen im Bereich bürgerliche, politische, wirtschaftliche, soziale und kulturelle Rechte verankert sind, vor allem mit Hilfe von Organisationen der Zivilgesellschaft,*
- *die Stärkung des internationalen Rahmens für den Schutz der Menschenrechte, der Gerechtigkeit, der Geschlechtergleichstellung, der Rechtsstaatlichkeit und der Demokratie sowie für die Förderung des humanitären Völkerrechts,*
- *der Aufbau von Vertrauen in demokratische Wahlprozesse und Institutionen und die Stärkung ihrer Verlässlichkeit und Transparenz in allen Etappen des Wahlzyklus.*

Die geförderten Maßnahmen werden in Drittländern durchgeführt oder stehen in direktem Zusammenhang mit bestimmten Situationen in Drittländern oder mit globalen oder regionalen Maßnahmen. Sie ergänzen die im Rahmen anderer Außenhilfeinstrumente oder -übereinkünfte gewährte Hilfe der Europäischen Union.

Antragsberechtigte

Förderfähig sind insbesondere Organisationen der Zivilgesellschaft und öffentliche Einrichtungen ohne Erwerbszweck auf regionaler, nationaler und internationaler Ebene sowie zwischenstaatliche Organisationen.

Art und Höhe der Förderung

Die Umsetzung des Programms erfolgt auf der Grundlage von Strategiepapieren, Jahresaktionsprogrammen, Einzel- und unterstützende Maßnahmen sowie Sondermaßnahmen.

Die Finanzierung erfolgt durch Zuschüsse zur Finanzierung von Projekten, Programmen oder Betriebskosten.

Darüber hinaus können öffentliche Aufträge vergeben und andere Finanzierungsinstrumente genutzt werden.

Budget

Für die Durchführung der Verordnung stehen in den Jahren 2014 bis 2020 insgesamt 1,332 Mrd. € zu jeweiligen Preisen zur Verfügung.

Antragsverfahren

In den Jahresaktionsprogrammen sind die Ziele, Aktionsfelder, erwarteten Ergebnisse, Verfahren und das geplante Finanzierungsvolumen festgelegt. In unvorhergesehenen, außergewöhnlichen oder besonders dringenden Situationen können Sondermaßnahmen ergriffen werden.
Aktuelle Ausschreibungen sowie Aufforderungen zur Einreichung von Vorschlägen können auf den Internetseiten von EuropeAid abgerufen werden.

Weiterführende Informationen:

Europäische Kommission
EuropeAid
200, rue de la Loi
B-1049 Brüssel
Tel: 00322 / 2 99 11 11
Web: http://ec.europa.eu/europeaid/

Geltungsdauer

1. Januar 2014 bis 31. Dezember 2020.

Horizont 2020 – Rahmenprogramm für Forschung und Innovation

Ziel und Gegenstand

Horizont 2020 bildet die Grundlage für die Förderung von Forschung und Innovation durch die Europäische Union in den Jahren 2014 bis 2020. Ziel ist es, unionsweit eine wissens- und innovationsgestützte Gesellschaft und eine weltweit führende Wirtschaft aufzubauen und gleichzeitig zur nachhaltigen Entwicklung beizutragen.

Das Rahmenprogramm besteht aus den drei Schwerpunkten „Wissenschaftsexzellenz“, „Führende Rolle der Industrie“ und „Gesellschaftliche Herausforderungen“ sowie zusätzlichen Bereichen bzw. Einzelzielen.

Der Schwerpunkt „Wissenschaftsexzellenz“ umfasst folgende Einzelziele:

- ➔ *Europäischer Forschungsrat (ERC): Förderung herausragender Forscherinnen und Forscher in Pionierbereichen der Wissenschaft.*
- ➔ *Künftige und neu entstehende Technologien: Förderung interdisziplinärer Kooperationen bei grundlegend neuen, hochriskanten Ideen, der schnelleren Entwicklung neu entstehender Bereiche in Wissenschaft und Technologie sowie der schnelleren unionsweiten Strukturierung wissenschaftlicher Gemeinschaften.*
- ➔ *Marie-Sklodowska-Curie-Maßnahmen: Förderung der grenz- und sektorübergreifende Mobilität von Wissenschaftlerinnen und Wissenschaftlern.*
- ➔ *Forschungsinfrastrukturen: Förderung des Aufbaus und der Vernetzung bestehender Forschungsinfrastrukturen.*

Der Schwerpunkt „Führende Rolle der Industrie“ umfasst folgende Einzelziele:

- ➔ *Führende Rolle bei grundlegenden und industriellen Technologien: Unterstützung für Forschung, Entwicklung und Demonstration sowie gegebenenfalls Normung und Zertifizierung in den Bereichen Informations- und Kommunikationstechnologie (IKT), Nanotechnologie, innovative Werkstoffe, Biotechnologie, fortgeschrittene Fertigung und Verarbeitung sowie Raumfahrt.*
- ➔ *Zugang zur Risikofinanzierung: Verbesserung der Kredit- und Beteiligungsfinanzierung für Forschung und Entwicklung und innovative Unternehmen und Projekte in allen Entwicklungsphasen.*
- ➔ *Innovation in KMU: Unterstützung von innovativen und wachstumsstarken kleinen und mittleren Unternehmen.*

Im Schwerpunkt „Gesellschaftliche Herausforderungen“ werden Maßnahmen in folgenden Bereichen unterstützt:

- ➔ *Gesundheit, demografischer Wandel und Wohlergehen,*

- *Ernährungs- und Lebensmittelsicherheit, nachhaltige Land- und Forstwirtschaft, marine, maritime und limnologische Forschung und Biowirtschaft,*
- *sichere, saubere und effiziente Energie,*
- *intelligenter, umweltfreundlicher und integrierter Verkehr,*
- *Klimaschutz, Umwelt, Ressourceneffizienz und Rohstoffe,*
- *Europa in einer sich verändernden Welt: integrative, innovative und reflektierende Gesellschaften,*
- *Sichere Gesellschaften – Schutz der Freiheit und Sicherheit Europas und seiner Bürger.*

Darüber hinaus umfasst das Rahmenprogramm folgende Einzelziele bzw. Teilbereiche:

- *Einzelziel „Verbreitung von Exzellenz und Ausweitung der Beteiligung",*
- *Einzelziel „Wissenschaft mit der und für die Gesellschaft",*
- *direkte Maßnahmen der gemeinsamen Forschungsstelle außerhalb des Nuklearbereichs,*
- *das europäische Innovations- und Technologieinstitut (EIT).*

Die Schwerpunkte sowie Tätigkeiten zur Erreichung der Einzelziele des Rahmenprogramms werden im Spezifischen Programm konkretisiert.

Antragsberechtigte

Antragsberechtigt sind natürliche und juristische Personen aus allen Mitgliedstaaten der Europäischen Union sowie den teilnehmenden Partnerländern, insbesondere Hochschulen und Forschungseinrichtungen, Wissenschaftlerinnen und Wissenschaftler, Unternehmen der gewerblichen Wirtschaft, öffentliche Einrichtungen sowie Verbände und Vereinigungen.
Besondere Aufmerksamkeit gilt der angemessenen Beteiligung von kleinen und mittleren Unternehmen gemäß KMU-Definition.
Grundsätzlich müssen an einem Vorhaben mindestens drei voneinander unabhängige Einrichtungen aus drei unterschiedlichen Ländern beteiligt sein. In verschiedenen Bereichen des Programms besteht jedoch auch die Möglichkeit, Einzelanträge zu stellen.

Art und Höhe der Förderung

Die Förderung erfolgt überwiegend in Form von Zuschüssen.
Die Höhe der Förderung beträgt maximal 100% der förderfähigen Kosten. Für marktnahe Vorhaben liegt die Obergrenze bei 70%. Zusätzlich wird eine Pauschale von 25% für indirekte Kosten gewährt.
Darüber hinaus werden Stipendien, Preisgelder und öffentliche Aufträge vergeben. Vorgesehen ist zudem die Einrichtung einer Beteiligungskapitalfazilität und einer Kreditfazilität.

Budget

Das Budget für Horizont 2020 beträgt für den Zeitraum 2014 bis 2020 rd. 77 Mrd. €.

Antragsverfahren

Die Regeln zur Teilnahme am Rahmenprogramm werden von der Europäischen Kommission in den so genannten Beteiligungsregeln festgelegt. Die Beteiligungsregeln definieren insbesondere die grundlegenden Rechte und Pflichten der Beteiligten und die Prinzipien für die Nutzung und Verbreitung der Ergebnisse.
Die Umsetzung des Programms erfolgt durch Arbeitsprogramme, die einen Zeitraum von zwei Jahren umfassen.
Die Antragstellung erfolgt auf der Grundlage von Aufrufen der Kommission zur Einreichung von Vorschlägen, die im EU-Amtsblatt sowie im Participant Portal veröffentlicht werden.

Ansprechpartner in Deutschland:

EU-Büro des BMBF für das Forschungsrahmenprogramm
Projektträger im DLR
Heinrich-Konen-Straße 1
53227 Bonn
Hotline: 0228 / 38 21-20 20
E-Mail: h2020@dlr.de
Web: www.eubuero.de

Aktuelle Informationen zu Horizont 2020 finden sich auch auf der Website www.horizont2020.de des Bundesministeriums für Bildung und Forschung (BMBF).

Weiterführende Informationen:

Exekutivagentur für die Forschung
COV2
B-1049 Brüssel
Kontakt: http://ec.europa.eu/rea/contact/index_en.htm
Web: http://ec.europa.eu/rea/index_en.htm

Europäische Kommission
Generaldirektion Forschung
200, rue de la Loi
B-1049 Brüssel
Tel: 00 32 2 / 2 99 11 11
E-Mail: research@ec.europa.eu
Web: http://ec.europa.eu/research/index.cfm

Geltungsdauer

1. Januar 2014 bis zum 31. Dezember 2020.

Kreatives Europa

Ziel und Gegenstand

Das Programm bildet die Grundlage für die Förderung des Kultur- und Kreativsektors durch die Europäische Union in den Jahren 2014 bis 2020. Ziel des Programms ist es, die kulturelle und sprachliche Vielfalt Europas zu wahren und zu fördern und die Wettbewerbsfähigkeit des Kultur- und Kreativsektors zu stärken.

Kreatives Europa besteht aus
- *dem Unterprogramm MEDIA,*
- *dem Unterprogramm Kultur sowie*
- *einem sektorübergreifenden Aktionsbereich.*

Im Unterprogramm MEDIA werden gefördert:

- *Aus- und Weiterbildung,*
- *die Entwicklung europäischer audiovisueller Werke, insbesondere Film- und Fernsehproduktionen, sowie interaktiver Werke mit starkem Potenzial f ür die grenzüberschreitende Verbreitung,*
- *Aktivitäten zur Unterstützung europäischer audiovisueller Produktions-gesellschaften,*
- *Aktivitäten, die europäische und internationale Koproduktionspartner zusammenbringen und/oder indirekte Unterstützung für koproduzierte audiovisuelle Werke bieten,*
- *besserer Zugang zu audiovisuellen Fachmessen und -märkten sowie stärkerer Einsatz von Online-Instrumenten für den Geschäftsverkehr inner- und außerhalb der Union,*
- *Fördersysteme für den Verleih nicht-nationaler europäischer Filme durch Kinoverleih und auf anderen Plattformen sowie für internationale Vertriebstätigkeiten,*
- *die Erleichterung der Verbreitung europäischer Filme weltweit und von internationalen Filmen in der Union,*
- *ein Netzwerk europäischer Kinobetreiber, die einen signifikanten Anteil nicht-nationaler europäischer Filme zeigen,*
- *Initiativen, die die Vielfalt europäischer audiovisueller Werke präsentieren und fördern, wie Festivals und sonstige Förderveranstaltungen,*
- *Aktivitäten, die die Filmkompetenz fördern und den Kenntnisstand und das Interesse des Publikums an europäischen audiovisuellen Werken erhöhen,*
- *innovative Maßnahmen für das Testen neuer Geschäftsmodelle und Instrumente in Bereichen, auf die sich die Einführung und der Einsatz von Digitaltechnik wahrscheinlich auswirken werden.*

Im Unterprogramm Kultur werden gefördert:

- *Projekte der länderübergreifenden Zusammenarbeit von Kultur- und Kreativorganisationen aus verschiedenen Ländern,*
- *Aktivitäten europäischer Netzwerke von Kultur- und Kreativorganisationen verschiedener Länder,*

- *Aktivitäten von Organisationen mit europaweiter Ausrichtung, die die Entwicklung junger Talente fördern und die länderübergreifende Mobilität von Kultur- und Kreativakteuren sowie die Verbreitung von Werken fördern,*
- *literarische Übersetzung und ihre weitere Förderung,*
- *besondere Maßnahmen im Bereich der Kultur, darunter Kulturpreise der Union, die Initiative Kulturhauptstadt Europas und die Initiative Europäisches Kulturerbe-Siegel.*

Es werden insbesondere gemeinnützige Projekte unterstützt.

Im sektorübergreifenden Aktionsbereich werden folgenden Maßnahmen unterstützt:

- *Einrichtung einer Bürgschaftsfazilität zur Erleichterung des Zugangs zu Finanzierungen für KMU und Kleinst-, kleine und mittlere Organisationen im gesamten Kultur- und Kreativsektor sowie zur Unterstützung teilnehmender Finanzmittler,*
- *die länderübergreifende politischen Zusammenarbeit durch Austausch von Erfahrungen und Know-how, die Erhebung von Marktdaten, Studien und Analysen etc.,*
- *ein Netzwerk von Informationsstellen („Kreatives Europa-Desks“), die Informationen über das Programm und weitere Fördermöglichkeiten bereitstellen und die grenzüberschreitende Zusammenarbeit innerhalb des Kultur- und Kreativsektors unterstützen.*

Antragsberechtigte

Antragsberechtigt sind Unternehmen bzw. Organisationen, die im Kultur- und Kreativsektor tätig sind.
Das Programm steht neben den EU-Mitgliedstaaten auch den Beitritts- und Kandidatenländern, den Ländern des EWR, der Schweiz sowie den Ländern der Europäischen Nachbarschaftspolitik offen.

Art und Höhe der Förderung

Die Förderung erfolgt in Form von Zuschüssen.
Die Höhe der Förderung ist von der Art der geplanten Maßnahme abhängig.

Im Rahmen des Programms wird zudem eine Bürgschaftsfazilität eingerichtet. Diese stellt Finanzinstituten Bürgschaften zur teilweisen Besicherung von Darlehen an kleine und mittlere Unternehmen (KMU) und Organisationen des Kultur- und Kreativsektors zur Verfügung.

Budget

Die Finanzausstattung für die Durchführung des Programms in den Jahren 2014 bis 2020 beträgt insgesamt 1,462 Mrd. €.

Antragsverfahren

Die Durchführung des Programms erfolgt auf der Grundlage jährlicher Arbeitsprogramme. Die Arbeitsprogramme enthalten eine Beschreibung der zu finanzierenden Maßnahmen, Angaben zur Höhe der für jede Maßnahme vorgesehenen Mittel und einen vorläufigen Durchführungszeitplan.
Die Antragstellung erfolgt im Rahmen von Aufforderungen zur Einreichung von Vorschlägen.

Weiterführende Informationen:

Exekutivagentur Bildung, Audiovisuelles und Kultur
Avenue du Bourget 1
B-1140 Brüssel
Tel: 00322 / 2 99 11 11
E-Mail: eacea-info@ec.europa.eu
Web: http://eacea.ec.europa.eu/index_en.php

Europäische Kommission
Generaldirektion Bildung und Kultur
200, rue de la Loi
B-1049 Brüssel
E-Mail: eac-culture@ec.europa.eu
Web: http://ec.europa.eu/culture/

Die Durchführung des Programms wird auf nationaler Ebene durch ein Netz von „Kreatives Europa-Desks“ unterstützt:

Für das Unterprogramm MEDIA:
MEDIA Desk Deutschland
Friedensallee 14-16
22765 Hamburg
Tel: 040 / 3 90 65 85
Fax: 040 / 3 90 86 32
E-Mail: info@mediadesk.de
Web: www.mediadesk.de

MEDIA Antenne München
Sonnenstraße 21
80331 München
Tel: 089 / 54 46 03 30
Fax: 089 / 54 46 03 40
E-Mail: info@mediaantennemuenchen.de

MEDIA Antenne Berlin Brandenburg
August-Bebel-Straße 26-53
14482 Potsdam
Tel: 0331 / 7 43 87 50
Fax: 0331 / 7 43 87 59
E-Mail: mediaantenne@medienboard.de

MEDIA Antenne Düsseldorf
Kaistraße 14
40221 Düsseldorf
Tel: 0211 / 9 30 50 14
Fax: 0211 / 9 30 50 5
E-Mail: media@filmstiftung.de

Für das Unterprogramm Kultur:
Nationale Kontaktstelle für die Kulturförderung der EU
c/o Kulturpolitische Gesellschaft e.V.
Weberstraße 59A

53113 Bonn
Tel: 0228 / 2 01 35 0
Fax: 0228 / 2 01 67 33
E-Mail: info@ccp-deutschland.de
Web: www.ccp-deutschland.de

Geltungsdauer

1. Januar 2014 bis 31. Dezember 2020

LIFE – Programm für die Umwelt und Klimapolitik

Ziel und Gegenstand

Das Programm bildet die Grundlage für Maßnahmen zur Förderung des Umwelt- und Klimaschutzes durch die Europäische Union in den Jahren 2014 bis 2020.

LIFE besteht aus den Teilprogrammen „Umwelt“ und „Klimapolitik“.

Das Teilprogramm „Umwelt“ umfasst die Schwerpunkte

- *Umwelt und Ressourceneffizienz,*
- *Natur und Biodiversität sowie*
- *Verwaltungspraxis und Information im Umweltbereich.*

Das Teilprogramm „Klimapolitik“ umfasst die Schwerpunkte

- *Klimaschutz,*
- *Anpassung an den Klimawandel sowie*
- *Verwaltungspraxis und Information im Klimabereich.*

Es werden maßnahmenbezogene Zuschüsse für folgende Arten von Projekten gewährt:

- *Pilotprojekte,*
- *Demonstrationsprojekte,*
- *Best-Practice-Projekte,*
- *integrierte Projekte,*
- *Projekte der technischen Hilfe,*

- *Projekte zum Kapazitätsaufbau,*
- *vorbereitende Projekte,*
- *Informations-, Sensibilisierungs- und Verbreitungsprojekte,*
- *sonstige Projekte, die zur Erreichung der allgemeinen Ziele des Programms erforderlich sind.*

Aus dem LIFE-Programm können zudem Aktivitäten der Kommission finanziert werden, mit denen die Einleitung, Durchführung und Verbreitung von umwelt- und klimapolitischen Strategien und Rechtsvorschriften der Union gefördert werden. Hierzu zählen:

- *Information und Kommunikation,*
- *Studien, Erhebungen, Modellierungen und Entwicklung von Szenarien,*
- *Vorbereitung, Durchführung, Überwachung, Prüfung und Evaluierung von Projekten, Politiken, Programmen und Rechtsvorschriften,*
- *Workshops, Konferenzen und Sitzungen,*
- *Vernetzung und Plattformen für bewährte Verfahren,*
- *sonstige Aktivitäten, die zur Erreichung der allgemeinen Ziele des Programms erforderlich sind.*

Antragsberechtigte

Antragsberechtigt sind öffentliche und private Einrichtungen, die förderfähige Vorhaben durchführen.

Das Programm steht neben den EU-Mitgliedstaaten auch den Beitritts- und Kandidatenländern, den Ländern des EWR, den Ländern der Europäischen Nachbarschaftspolitik sowie Ländern, die Mitglieder der Europäischen Umweltagentur geworden sind, offen.

Art und Höhe der Förderung

Die Finanzierung erfolgt insbesondere durch Zuschüsse oder durch Vergabe öffentlicher Aufträge. Die Höhe der Förderung ist von der Art der geplanten Maßnahme abhängig.

Budget

Die Finanzausstattung für die Durchführung des Programms beträgt für den Zeitraum vom 1. Januar 2014 bis zum 31. Dezember 2020 insgesamt 3,457 Mrd €.

Antragsverfahren

Die Durchführung des Programms erfolgt auf der Grundlage mehrjähriger Arbeitsprogramme mit einer Laufzeit von vier bzw. drei Jahren. Im Rahmen der Arbeitsprogramme veröffentlicht die Kommission jährliche Aufforderungen zur Einreichung von Vorschlägen für die Teilbereiche des Programms.

Die Anschriften der nationalen Kontaktstellen für Deutschland können im Internet unter http://ec.europa.eu/environment/life/contact/nationalcontact/index.htm abgerufen werden.

Weiterführende Informationen:

Europäische Kommission
Generaldirektion Umwelt
Avenue de Beaulieu 5
B-1160 Brüssel

Tel:	00 322 / 2 99 11 11
E-Mail:	envinfo@ec.europa.eu
Web:	http://ec.europa.eu/environment/life/

Geltungsdauer

1. Januar 2014 bis 31. Dezember 2020.

Programm der Europäischen Union für Beschäftigung und soziale Innovation (EaSI)

Ziel und Gegenstand

Das Programm dient der Förderung der Beschäftigung und sozialen Innovation in den Mitgliedstaaten der Europäischen Union in den Jahren 2014 bis 2020.

Mitfinanziert werden Maßnahmen zur

- ➔ *Schaffung und Sicherung eines hohen Niveaus hochwertiger und nachhaltiger*
- ➔ *Beschäftigung,*

- *Gewährleistung eines angemessenen und fairen sozialen Schutzes,*
- *Bekämpfung von Armut und sozialer Ausgrenzung sowie*
- *Verbesserung der Arbeitsbedingungen.*

Das Programm besteht aus den drei Unterprogrammen Progress, EURES sowie Mikrofinanzierung und soziales Unternehmertum.
Im Rahmen des Unterprogramms Progress werden folgende Maßnahmen unterstützt:

- *Analytische Tätigkeiten: u.a. Durchführung von Erhebungen, Erstellung von Studien und Berichten, Durchführung von Evaluierungen, Erprobung innovativer Lösungen, Verbreitung der Ergebnisse,*
- *Voneinander-Lernen, Sensibilisierung und Verbreitung: u.a. Austausch und Verbreitung bewährter Verfahren, innovativer Ansätze und Erfahrung, Durchführung von Veranstaltungen, Konferenzen, Seminaren und Schulungen, Erstellung von Publikationen sowie andere Informations- und Kommunikationsaktivitäten, Entwicklung und Wartung von Informationssystemen,*
- *Unterstützung von Netzwerken auf Unionsebene, Kapazitätenaufbau nationaler Verwaltungen und spezieller Dienste, Vernetzung und Zusammenarbeit von Fachstellen und anderen Interessenten, Finanzierung von auf europäischer Ebene tätigen Beobachtungsstellen, Austausch von Personal zwischen nationalen Behörden.*

Im Rahmen des Unterprogramms EURES werden Maßnahmen unterstützt, die die freiwillige individuelle Mobilität in der Union fördern und Hindernisse für die Mobilität beseitigen, u.a.:

- *Aufbau und Tätigkeiten grenzübergreifender EURES-Partnerschaften,*
- *Bereitstellung von Informations-, Beratungs-, Vermittlungs- und Einstellungsdiensten für Grenzgänger,*
- *Aufbau einer mehrsprachigen digitalen Plattform für den Abgleich von Stellenangeboten und Bewerbungen,*
- *Entwicklung gezielter Mobilitätsprogramme,*
- *gegenseitiges Lernen unter EURES-Akteuren sowie Schulung von EURES-Beratern,*

- *Informations- und Kommunikationstätigkeiten zur Sensibilisierung für die Vorteile geographischer und beruflicher Mobilität und die Tätigkeiten und Dienste von EURES.*

Durch das Unterprogramm Mikrofinanzierung und Sozialunternehmen werden folgende Maßnahmen gefördert:

- *Verbesserung des Zugangs zu und der Verfügbarkeit von Mikrofinanzierungen für von Arbeitslosigkeit oder Ausgrenzung bedrohte Personen sowie Kleinstunternehmen in der Gründungs- und Ausbauphase,*
- *Aufbau der institutionellen Kapazität von Mikrokreditanbietern,*
- *Förderung der Entwicklung des Marktes für soziale Investitionen und Ermöglichung des Zugangs zu Finanzierungsmöglichkeiten für Sozialunternehmen.*

Antragsberechtigte

Teilnahmeberechtigt sind öffentliche und private Organisationen bzw. Einrichtungen, die in den genannten Bereichen tätig sind. Dies können je nach Unterprogramm z.B. nationale, regionale und lokale Behörden, Arbeitsverwaltungen, Sozialpartner, Nichtregierungsorganisationen, Hochschuleinrichtungen und Forschungsinstitute, Finanzinstitute oder Medien sein.
Das Unterprogramm Mikrofinanzierung und Sozialunternehmen steht öffentlichen und privaten Einrichtungen in den Mitgliedstaaten offen, die Personen und Kleinstunternehmen in den Mitgliedstaaten Mikrofinanzierungen anbieten. Existenzgründer sowie sozialwirtschaftliche Kleinstunternehmen sind nicht direkt antragsberechtigt, sondern werden durch die Verbesserung der Finanzierungsbedingungen mittelbar begünstigt.
Das Programm steht neben den Mitgliedstaaten der EU den EWR-Staaten und der Schweiz sowie den Kandidatenländern und potentiellen Kandidatenländern offen. Eine Zusammenarbeit mit internationalen Organisationen und Drittländern ist möglich.

Art und Höhe der Förderung

Die Förderung erfolgt im Rahmen der Unterprogramme Progress und EURES durch Zuschüsse von in der Regel maximal 80% (Progress) bzw. 95% (EURES) der förderfähigen Ausgaben, im Rahmen des Unterprogramms Mikrofinanzierung und Sozialunternehmen durch die Bereitstellung von Gemeinschaftsmitteln an Finanzintermediäre. Die Durchführung des Unterprogramms erfolgt insbesondere in Zusammenarbeit mit der Europäischen Investitionsbank (EIB) bzw. dem Europäischen Investitionsfonds (EIF). Die Gemeinschaftsmittel können zur Finanzierung von Darlehen, Bürgschaften, Beteiligungen und anderen Unterstützungsmaßnahmen eingesetzt werden.

Budget

Das Gesamtbudget für die Durchführung des Programms beträgt in den Jahren 2014 bis 2020 rund 919,5 Mio. €.

Antragsverfahren

Die Durchführung des Programms erfolgt auf der Grundlage von Arbeitsprogrammen, die von der Europäischen Kommission verabschiedet werden. Die Arbeitsprogramme informieren über die förderfähigen Maßnahmen, das Verfahren zur Auswahl der zu unterstützenden Maßnahmen, die Zielgruppen und -regionen der Förderung sowie den Zeitrahmen für die Umsetzung.
In den Unterprogrammen Progress und EURES erfolgt die Antragstellung im Rahmen von Aufforderungen zur Einreichung von Vorschlägen oder Ausschreibungen.
Im Unterprogramm Mikrofinanzierung und Sozialunternehmen können Anträge ausschließlich von Finanzintermediären gestellt werden. Kleine und mittlere Unternehmen sind nicht unmittelbar antragsberechtigt, sondern profitieren mittelbar von der Verbesserung der Finanzierungsbedingungen.
Ausführliche Informationen und Antragsfristen können im Internet unter http://ec.europa.eu/social/main.jsp?catId=1081&langId=de abgerufen werden.

Weiterführende Informationen:

Europäische Kommission
Generaldirektion Beschäftigung, Soziales und Integration
200, rue de la Loi
B-1049 Brüssel
Tel: 00322 / 2 99 11 11
Fax: 00322 / 2 99 59 18

E-Mail: empl-info@ec.europa.eu
Web: http://ec.europa.eu/social/main.jsp?catId=1081

Geltungsdauer

1. Januar 2014 bis zum 31. Dezember 2020

Rechte, Gleichstellung und Unionsbürgerschaft

Ziel und Gegenstand

Die Europäische Union fördert Maßnahmen, die zur Weiterentwicklung des Europäischen Rechtsraums beitragen.

Spezifische Ziele des Programms sind:

- *die Förderung der Nichtdiskriminierung aus Gründen des Geschlechts, der Rasse oder der ethnischen Herkunft, der Religion oder der Weltanschauung, einer Behinderung, des Alters oder der sexuellen Ausrichtung,*
- *die Verhütung und Bekämpfung von Rassismus, Fremdenfeindlichkeit, Homophobie und anderen Formen der Intoleranz,*
- *die Förderung und der Schutz der Rechte von Personen mit Behinderungen,*
- *die Förderung der Gleichstellung von Frauen und Männern,*
- *die Vorbeugung und die Bekämpfung der Gewalt gegen Kinder, Jugendliche und Frauen sowie andere gefährdete Gruppen,*
- *die Förderung und der Schutz der Rechte des Kindes,*
- *der Schutz der Privatsphäre und personenbezogener Daten,*
- *Förderung und Verbesserung der Wahrnehmung der sich aus der Unionsbürgerschaft ergebenden Rechte,*
- *die Befähigung der Verbraucher und Unternehmen im Binnenmarkt, ihre aus dem Unionsrecht erwachsenden Rechte durchzusetzen.*

Mitfinanziert werden Maßnahmen in folgenden Bereichen:

- *Sensibilisierung für das Unionsrecht und die Unionspolitiken sowie für die Rechte, Werte und Grundsätze, auf die sich die Union stützt,*
- *Förderung der Umsetzung und Anwendung der Instrumente des Unionsrechts und Politiken in den Mitgliedstaaten,*

- → *Förderung der grenzüberschreitenden Zusammenarbeit, Verbesserung des wechselseitigen Wissens und Stärkung des gegenseitigen Vertrauens unter allen Beteiligten,*
- → *Verbesserung des Wissens um und des Verständnisses von potenziellen Hindernissen für die Wahrnehmung der durch das Unionsrecht garantierten Rechte und Grundsätze.*
- → *Gefördert werden Maßnahmen, die über einen europäischen Mehrwert verfügen.*

Antragsberechtigte

Antragsberechtigt sind öffentliche und private Organisationen ohne Erwerbszweck, die in den genannten Bereichen tätig sind. Dies können z.B. Einrichtungen der Rechtspflege, Nichtregierungsorganisationen, Hochschulen, Forschungsinstitute, Bildungseinrichtungen sowie nationale, regionale und lokale Behörden sein.
Die Teilnahme am Programm steht neben den EU-Mitgliedstaaten unter bestimmten Voraussetzungen auch den Kandidaten- und Beitrittsländern, den Vertragsstaaten des Europäischen Wirtschaftsraumes (EWR) sowie Internationalen Organisationen offen.
Unternehmen können sich nur zusammen mit Organisationen ohne Erwerbszweck oder öffentlichen Einrichtungen an dem Programm beteiligen.

Art und Höhe der Förderung

Die Förderung erfolgt in der Form von Zuschüssen (Projekt- oder Betriebskostenzuschüsse).
Die Höhe der Förderung wird in den jährlichen Arbeitsprogrammen festgelegt.
Daneben können auch öffentliche Aufträge vergeben werden.

Budget

Für die Durchführung des Programms stehen in den Jahren 2014 bis 2020 insgesamt 439,5 Mio. € zur Verfügung.

Antragsverfahren

Die Durchführung des Programms erfolgt auf der Grundlage von Jahresarbeitsprogrammen, in denen die durchzuführenden Maßnahmen, die Finanzmittel sowie die wesentlichen Fördervoraussetzungen und Auswahlkriterien festgelegt sind.

Im Rahmen der Arbeitsprogramme veröffentlicht die Kommission jährliche Aufforderungen zur Einreichung von Vorschlägen.

Weiterführende Informationen:

Europäische Kommission
Generaldirektion Justiz, Freiheit und Sicherheit
46, rue de Luxembourg
B-1000 Brüssel
Tel: 00322 / 2 99 11 11
Kontakt: ec.europa.eu/justice/contact/webforms/index_de.htm
Web: http://ec.europa.eu/justice/

Geltungsdauer

1. Januar 2014 bis 31. Dezember 2020.

Wettbewerbe, Kulturpreise

Kulturpreise sind nicht nur eine bewährte und traditionsreiche Form der Ehrung für erfolgreiches künstlerisches und publizistisches Schaffen - sie sind auch ein unentbehrliches Element der Förderung von Kunst- und Kulturvermittlung. Die Zahl der regelmäßigen Kulturpreise und -stipendien der öffentlichen Hand sowie von Stiftungen, Verbänden oder privaten Initiativen in Deutschland hat im vergangenen Jahrzehnt weiter zugenommen und liegt heute, je nach Zählweise, schon bei etwa 2.500 „Preisnamen“ oder 4.500 „Preiseinheiten“.
Eine kostenfreie Datenbank mit weiteren Recherchemöglichkeiten finden Sie unter:
http://www.kulturpreise.de/

Fundraising

In Deutschland ist das Wort Fundraising noch nicht wirklich allgemein bekannt. Es wird teilweise auch fälschlicherweise grob als Mittel- und Spendenbeschaffung übersetzt.

Unter Fundraising kann man alle Maßnahmen verstehen, die dazu beitragen, dass zum Beispiel gemeinnützige Organisationen in die Lage versetzt werden, ihre Arbeit in angemessenem Rahmen zu erledigen. Das heißt, es geht zum einen um Planung, Durchführung und Kontrolle von Maßnahmen, um Unterstützung zu erhalten. Zum anderen geht es um den Kontakt und die Abstimmung mit denjenigen, von denen man sich Unterstützung wünscht.
Fundraising ist ein Management- und Marketingthema, in dem Ziele gesetzt, Wege geplant, ein Budget gesichert und Ergebnisse kontrolliert werden.

Aber: Der Fundraiser ist keine „Goldmarie", die schnell gigantische Summen organisieren kann.

Um erfolgreich nicht nur punktuell, sondern auch langfristig arbeiten zu können, bedarf es, je nach Arbeitsfeld, einer konkreten Strategie. Diese Strategien müssen gemeinsam vom Auftraggeber und Fundraiser entwickelt werden. Fundraising ist nicht mal schnell nebenher gemacht.
Fundraising setzt ein besonderes Budget und eine gewisse Vorlaufzeit voraus. Planen Sie daher langfristig. Sie benötigen Zeit, genügend Unterstützung und ausreichend finanzielle Mittel.

Es gibt verschiedene Fundraising-Möglichkeiten, nachfolgend eine kleine Auflistung.

Anlassspende

Dies sind Geschenke und Zuwendungen, die zu einem Anlass auf Wunsch des Betroffenen einer gemeinnützigen Einrichtung als Spende gegeben werden.

Aufwandsspende

Mitarbeiter, Mitglieder, Lieferanten verzichten auf Vergütungen und Aufwandersatz und spenden dies für ein Projekt einer Einrichtung als Aufwandsspende.

Direct Mail

Das ist mehr als der einfache Versand von Briefen. Direct Mail bezeichnet die Summe der Geldbeschaffungsmaßnahmen für eine Non-Profit-Organisation, die auf dem brieflichen Kontakt basieren.

Fördertöpfe

Hier werden Ausschreibungen beobachtet und recherchiert, Projekte entwickelt und Anträge erarbeitet z.B. auf nationaler und europäischer Ebene.

Kollekte

Eine freiwillige Sammlung für kirchliche und karitative Zwecke im Rahmen eines christlichen Gottesdienstes wird als Kollekte bezeichnet.

Matching Funds

Dies meint eine komplementäre Finanzierung. Eine Person oder Institution stellt zum Beispiel einen großen Förderbetrag in Aussicht unter der Voraussetzung, dass sich weitere Personen und Institutionen in mindestens gleicher Höhe beteiligen – so ist eine Spendenvervielfachung zu erreichen.

Mitgliedsbeiträge

Ein eingetragener Verein, der den Status der Gemeinnützigkeit hat, kann den Mitgliedsbeitrag als Förderbeitrag behandeln, wenn das Mitglied für diesen keine Gegenleistung wie beispielsweise Sport- oder Musikangebote erhält. Der Beitrag kann wie eine Spende behandelt werden und dafür kann ein Zuwendungsbescheid ausgestellt werden.

Stand- und Straßenwerbung

Die persönliche Direktansprache ist im Fundraising ein Standardinstrument, um neue Spender und Förderer für eine Organisation zu gewinnen. Gut ein Drittel der

Spender in Deutschland wird durch diese Form des Dialogmarketings akquiriert. Bei der Nutzung öffentlicher Flächen ist dafür eine Genehmigung einzuholen.

Tombola

Tombolas sind bei Veranstaltungen eine wichtige Einnahmequelle neben den Eintrittsgeldern. Hierfür können Sachpreise verlost werden, die vorher als Sachspende zum Beispiel von Unternehmen zur Verfügung gestellt wurden. Der Erlös fließt dann an das jeweilig zu unterstützende Projekt oder die Einrichtung.
Tombolas sind bei öffentlichen Veranstaltungen genehmigungspflichtig, Informationen dazu erhalten Sie in der Regel bei den zuständigen Ordnungsämtern.

Versteigerungen

Von Privatpersonen oder Unternehmen zur Verfügung gestellte Produkte werden für einen wohltätigen Zweck versteigert.
Öffentliche Versteigerungen, Auktionen müssen (ebenfalls meist beim Ordnungsamt) angemeldet sein.

charity shopping

Bei diesem Instrument wird direkt beim Online-Einkauf gespendet. Dazu existieren verschiedene Plattformen, auf der man die zu unterstützende Einrichtung einmal registrieren muss. Als Käufer entscheidet man, welcher Einrichtung oder welchem Projekt die Spende zugute kommen soll. Man muss sich selbst nicht registrieren, der Einkauf jedoch muss über die Shop-Betreiber Seite beginnen. Von dieser Seite aus gelangt man zu dem gewünschten Online Shop.
Nach dem Einkauf geht ein vorher angezeigter prozentualer Betrag der Kaufsumme an die gewählte Einrichtung. Man spendet damit ohne zusätzliche Kosten.

Großspendenfundraising

Der Begriff „Großspende“ ist nicht eindeutig definiert, sondern richtet sich nach den individuellen Finanzvolumen der Organisationen. Im Unterschied zu vielen kleinen Spendern richtet man sich hier an wenige Partner mit einem größeren Spendenvermögen. Großspender sind meist Einzelpersonen oder Familien mit Privat- oder Geschäftsvermögen. Diese Form von Fundraising setzt ein sehr hohes kommunikatives Geschick und Netzwerkarbeit voraus, da es gilt, langfristige vertrauensvolle Beziehungen zu möglichen Großspendern aufzubauen.

Erbschaftsfundraising

Bei diesem Instrument richtet man sich an mögliche Erblasser, potentielle oder faktische Erben von Vermögenswerten. Als Einrichtung versucht man hier, Vermögen, Erbmasse oder andere Zuwendungen noch zu Lebzeiten oder nach Todesfall für sich zu akquirieren. Aufgrund der demografischen Entwicklung hat dieses Instrument in den vergangenen Jahren einen großen Stellenwert erhalten. Auch im Erbschaftsfundraising spielen der Aufbau und die Pflege von persönlichen Beziehungen zu den Unterstützern eine wichtige Rolle. Ethische und rechtliche Grundsätze sind beim Fundraising in diesem Bereich von großer Bedeutung.

Relativ neu auf diesem Gebiet ist das

Crowdfunding

Auch als Schwarmfinanzierung bezeichnet, ist es eine weitere Möglichkeit der Geldbeschaffung für Projekte, Produkte, auch für die Umsetzung von Geschäftsideen (Startups). Crowdfunding ist ein relatives junges Phänomen und wächst zur Zeit stetig an. Nach 2000 entwickelten sich die ersten Finanzierungen in der US-amerikanischen Musikindustrie. In den vergangenen fünf Jahren ist Crowdfunding auf dem deutschen und europäischen Markt angekommen, steckt gegenüber amerikanischen Strukturen aber noch in den Kinderschuhen.
Die Kapitalgeber sind in diesem Falle viele Personen, die gemeinsam ein Projekt finanzieren auch mit kleinen Beiträgen. Crowdfunding funktioniert hauptsächlich als Online-Instrument. Über soziale Netzwerke, professionelle Werbeaktionen oder über persönliche Homepages wird zur Beteiligung aufgerufen. Künstler, Veranstalter, Unternehmer, Projektmanager stellen ihre Projekte vor und benennen die benötigte Summe zur Durchführung.
Im Unterschied zur Spende erhalten die Unterstützer beim Crowdfunding in der Regel eine vorher definierte Gegenleistung. Es werden dabei vorwiegend ideelle oder kleinteilige Gegenleistungen angeboten, z.B. eine namentliche Erwähnung im Filmabspann, ermäßigte Eintrittskarten oder ein Besuch am Filmset.

Aufgrund der zu erbringenden Gegenleistung bei diesem Instrument ist die Ausstellung einer Spendenbescheinigung nicht möglich.

Des Weiteren gibt es auch Vorhaben, bei denen nicht mehr nur ideelle oder kleinteilige Gegenleistungen erbracht, sondern konkrete Gewinnbeteiligungen in Aussicht gestellt werden. Hier spricht man mittlerweile von Crowdinvesting. Dazu gehört zum Beispiel die Beteiligung am Gewinn beim Aufbau eines kommerziellen Unternehmens.

Bei diesem Instrument spielen rechtliche Fragen eine Rolle, die man für sich und sein Projekt im Vorfeld klären sollte. So kann leicht übersehen werden, dass eventuell auf gewährte Vorteile auch Umsatzsteuer anfallen kann. Ebenso kann bei einer Gewinnbeteiligung durch Unterstützer eine Prospektpflicht folgen.

Wissen sollte man auch, das bei Veröffentlichung einer Idee zum Beispiel im Internet diese Idee im Gegensatz zu gedruckten Werken nicht urheberrechtlich geschützt ist.

In juristischer Hinsicht stößt man auf einige Fragen, die in der Bundesrepublik Deutschland noch nicht abschließend geklärt sind.

Es bestehen Chancen und Risiken, die jeder vorab für sich klären und abwägen sollte.

Eine sehr hilfreiche Orientierung bietet hier die Münchner IHK:
https://www.muenchen.ihk.de/de/starthilfe/Unternehmensfoerderung/crowdsourcing-und-crowdfunding-in-muenchen-und-oberbayern/crowdfunding2/chancen-und-risiken

Spende

Die Spende ist die gebräuchlichste und bekannteste Form der Unterstützung gemeinnütziger Organisationen. Dabei hat der Staat gesetzliche Anreize geschaffen, welche das Spenden steuerlich attraktiv machen. So kann der Spender seine Zuwendungen bis zu gesetzlich festgelegten Höchstgrenzen von der steuerlichen Bemessungsgrundlage abziehen und zahlt in dem Falle weniger Steuern.
Allerdings bedarf es verschiedener Voraussetzungen, damit der Spender in den Genuss des Steuervorteils kommt.

Bei einer Spende handelt es sich um eine freiwillige, unentgeltliche Zuwendung an eine gemeinnützige Körperschaft, die diese Zuwendung für ihre satzungsmäßigen, steuerbegünstigten Zwecke zu verwenden hat.
Der Spender überträgt Geld oder einen Sachwert, ohne dafür eine Gegenleistung zu erhalten.

Voraussetzung für die Abzugsfähigkeit von Zuwendungen ist zunächst, dass der Zuwendungsempfänger zum begünstigten Personenkreis gehört.
Dazu gehören zum Beispiel:
juristische Personen des öffentlichen Rechts und öffentliche Dienststellen, die in einem Mitgliedsstaat der Europäischen Union oder in einem Staat liegen, auf den das Abkommen über den Europäischen Wirtschaftsraum Anwendung findet.

steuerbefreite Körperschaften, Personenvereinigungen oder Vermögensmassen (im Sinne §5 Abs. 1 Nr. 9 KStG)

Körperschaften, Personenvereinigungen und Vermögensmassen, die in einem Mitgliedsstaat der Europäischen Union oder in einem Staat liegen, auf den das Abkommen über den Europäischen Wirtschaftsraum Anwendung findet und die steuerbefreit wären, wenn sie inländische Einkünfte erzielen würden.

Zuwendungen dürfen nur dann steuerlich abgezogen werden, wenn sie durch eine Zuwendungsbestätigung nachgewiesen werden, welche der Empfänger nach amtlich vorgeschriebenen Vordruck ausgestellt hat. Dies gilt für den Abzug von

Zuwendungen im Rahmen der Körperschaft- und Gewerbesteuer entsprechend. Die Zuwendungsbestätigung ist nicht bloß ein Beweismittel, sondern eine unverzichtbare sachliche Voraussetzung des Spendenabzuges beim Zuwenden.

Bestätigung über Geldzuwendung/Mitgliedsbeitrag
Bestätigung über Sachzuwendung
Bestätigung über Geldzuwendung

Aussteller (Bezeichnung und Anschrift der steuerbegünstigten Einrichtung)

Bestätigung über Geldzuwendungen/Mitgliedsbeitrag

im Sinne des § 10b des Einkommensteuergesetzes an eine der in § 5 Abs. 1 Nr. 9 des Körperschaftsteuergesetzes bezeichneten Körperschaften, Personenvereinigungen oder Vermögensmassen

Name und Anschrift des Zuwendenden:

Betrag der Zuwendung - in Ziffern -	- in Buchstaben -	Tag der Zuwendung:

Es handelt sich um den Verzicht auf Erstattung von Aufwendungen Ja ☐ Nein ☐

☐ Wir sind wegen Förderung (Angabe des begünstigten Zwecks / der begünstigten Zwecke) .... nach dem letzten uns zugegangenen Freistellungsbescheid bzw. nach der Anlage zum Körperschaftsteuerbescheid des Finanzamtes ...., StNr. ...., vom ....nach § 5 Abs. 1 Nr. 9 des Körperschaftsteuergesetzes von der Körperschaftsteuer und nach § 3 Nr. 6 des Gewerbesteuergesetzes von der Gewerbesteuer befreit.

☐ Wir sind wegen Förderung (Angabe des begünstigten Zwecks / der begünstigten Zwecke) .... durch vorläufige Bescheinigung des Finanzamtes ...., StNr. ...., vom .... ab .... als steuerbegünstigten Zwecken dienend anerkannt.

Es wird bestätigt, dass die Zuwendung nur zur Förderung (Angabe des begünstigten Zwecks / der begünstigten Zwecke)

verwendet wird.

Nur für steuerbegünstigte Einrichtungen, bei denen die Mitgliedsbeiträge steuerlich nicht abziehbar sind:

☐ Es wird bestätigt, dass es sich nicht um einen Mitgliedsbeitrag i.S.v § 10b Abs. 1 Satz 2 Einkommensteuergesetzes handelt).

(Ort, Datum und Unterschrift des Zuwendungsempfängers)

Hinweis:

Wer vorsätzlich oder grob fahrlässig eine unrichtige Zuwendungsbestätigung erstellt oder wer veranlasst, dass Zuwendungen nicht zu den in der Zuwendungsbestätigung angegebenen steuerbegünstigten Zwecken verwendet werden, haftet für die Steuer, die dem Fiskus durch einen etwaigen Abzug der Zuwendungen beim Zuwendenden entgeht (§ 10b Abs. 4 EStG, § 9 Abs. 3 KStG, § 9 Nr. 5 GewStG).

Diese Bestätigung wird nicht als Nachweis für die steuerliche Berücksichtigung der Zuwendung anerkannt, wenn das Datum des Freistellungsbescheides länger als 5 Jahre bzw. das Datum der vorläufigen Bescheinigung länger als 3 Jahre seit Ausstellung der Bestätigung zurückliegt (BMF vom 15.12.1994 – BStBl I S. 884).

Aussteller (Bezeichnung und Anschrift der steuerbegünstigten Einrichtung)

Bestätigung über Sachzuwendungen

im Sinne des § 10b des Einkommensteuergesetzes an eine der in § 5 Abs. 1 Nr. 9 des Körperschaftsteuergesetzes bezeichneten Körperschaften, Personenvereinigungen oder Vermögensmassen

Name und Anschrift des Zuwendenden:

Wert der Zuwendung - in Ziffern -	- in Buchstaben -	Tag der Zuwendung:

Genaue Bezeichnung der Sachzuwendung mit Alter, Zustand, Kaufpreis usw.

☐ Die Sachzuwendung stammt nach den Angaben des Zuwendenden aus dem Betriebsvermögen und ist mit dem Entnahmewert (ggf. mit dem niedrigeren gemeinen Wert) bewertet.

☐ Die Sachzuwendung stammt nach den Angaben des Zuwendenden aus dem Privatvermögen.

☐ Der Zuwendende hat trotz Aufforderung keine Angaben zur Herkunft der Sachzuwendung gemacht.

☐ Geeignete Unterlagen, die zur Wertermittlung gedient haben, z. B. Rechnung, Gutachten, liegen vor.

☐ Wir sind wegen Förderung (Angabe des begünstigten Zwecks / der begünstigten Zwecke) .... nach dem letzten uns zugegangenen Freistellungsbescheid bzw. nach der Anlage zum Körperschaftsteuerbescheid des Finanzamtes .... StNr. .... vom .... nach § 5 Abs. 1 Nr. 9 des Körperschaftsteuergesetzes von der Körperschaftsteuer und nach § 3 Nr. 6 des Gewerbesteuergesetzes von der Gewerbesteuer befreit.

☐ Wir sind wegen Förderung (Angabe des begünstigten Zwecks / der begünstigten Zwecke) .... durch vorläufige Bescheinigung des Finanzamtes .... Steuernummer .... vom .... ab .... als steuerbegünstigten Zwecken dienend anerkannt.

Es wird bestätigt, dass die Zuwendung nur zur Förderung (Angabe des begünstigten Zwecks / der begünstigten Zwecke)

verwendet wird.

(Ort, Datum und Unterschrift des Zuwendungsempfängers)

Hinweis:
Wer vorsätzlich oder grob fahrlässig eine unrichtige Zuwendungsbestätigung erstellt oder wer veranlasst, dass Zuwendungen nicht zu den in der Zuwendungsbestätigung angegebenen steuerbegünstigten Zwecken verwendet werden, haftet für die Steuer, die dem Fiskus durch einen etwaigen Abzug der Zuwendungen beim Zuwendenden entgeht (§ 10b Abs. 4 EStG, § 9 Abs. 3 KStG, § 9 Nr. 5 GewStG).

Diese Bestätigung wird nicht als Nachweis für die steuerliche Berücksichtigung der Zuwendung anerkannt, wenn das Datum des Freistellungsbescheides länger als 5 Jahre bzw. das Datum der vorläufigen Bescheinigung länger als 3 Jahre seit Ausstellung der Bestätigung zurückliegt (BMF vom 15.12.1994 - BStBl. I S. 884).

Aussteller (Bezeichnung der inländischen juristischen Person des öffentlichen Rechts oder der inländischen öffentlichen Dienststelle)

Bestätigung über Geldzuwendungen

im Sinne des § 10 b des Einkommensteuergesetzes an inländische juristische Personen des öffentlichen Rechts oder inländische öffentliche Dienststellen

Name und Anschrift des Zuwendenden:

Betrag der Zuwendung - in Ziffern -	- in Buchstaben -	Tag der Zuwendung:

Es wird bestätigt, dass die Zuwendung nur zur Förderung (Angabe des begünstigten Zwecks / der begünstigten Zwecke)

verwendet wird.

Die Zuwendung wird

☐ von uns unmittelbar für den angegebenen Zweck verwendet.

☐ entsprechend den Angaben des Zuwendenden an .... weitergeleitet, die/der vom Finanzamt .... StNr. .... mit Freistellungsbescheid bzw. nach der Anlage zum Körperschaftsteuerbescheid vom .... von der Körperschaft- und Gewerbesteuer befreit ist.

☐ entsprechend den Angaben des Zuwendenden an.. weitergeleitet, die/der vom Finanzamt .... StNr. ....mit vorläufiger Bescheinigung (gültig ab: ....) vom .... als steuerbegünstigten Zwecken dienend anerkannt ist.

(Ort, Datum und Unterschrift des Zuwendungsempfängers)

Hinweis:
Wer vorsätzlich oder grob fahrlässig eine unrichtige Zuwendungsbestätigung erstellt oder wer veranlasst, dass Zuwendungen nicht zu den in der Zuwendungsbestätigung angegebenen steuerbegünstigten Zwecken verwendet werden, haftet für die Steuer, die dem Fiskus durch einen etwaigen Abzug der Zuwendungen beim Zuwendenden entgeht (§ 10b Abs. 4 EStG, § 9 Abs. 3 KStG, § 9 Nr. 5 GewStG).

Nur in den Fällen der Weiterleitung an steuerbegünstigte Körperschaften im Sinne von § 5 Abs. 1 Nr. 9 KStG:
Diese Bestätigung wird nicht als Nachweis für die steuerliche Berücksichtigung der Zuwendung anerkannt, wenn das Datum des Freistellungsbescheides länger als 5 Jahre bzw. das Datum der vorläufigen Bescheinigung länger als 3 Jahre seit Ausstellung der Bestätigung zurückliegt (BMF vom 15.12.1994 - BStBl I S. 884).

Sponsoring

Sponsoring kann verstanden werden als Bereitstellung von Geld, Sachmitteln oder Dienstleistungen durch einen Sponsor für einen von ihm ausgewählten Gesponserten.

Es handelt sich beim Sponsoring um das Prinzip: Leistung und Gegenleistung. Das heißt, die Leistung des Sponsors wird nur erbracht, wenn der Gesponserte ihm dafür eine attraktive Gegenleistung bieten kann. Sponsoring ist daher verbunden mit der Förderung von Kunst, Kultur, Sport, Sozialem, Umwelt, Bildung, Wissenschaft usw. Beispiele für Gegenleistungen sind u.a. eine öffentlichkeitswirksame Darstellung des Sponsors auf einem Projektflyer oder die Präsenz vor potenziellen Zielgruppen bei einer Veranstaltung (PR und Marketing).

Das Sponsoringvolumen hat sich in Deutschland in den vergangenen Jahren erhöht auf ca. 4,5 Milliarden € pro Jahr. Das Sportsponsoring nimmt dabei ca. über 50% aller Aufwendungen ein, in diesem Bereich begann auch die Entwicklung des Sponsorings in der Bundesrepublik. Bei einigen Sponsoringpartnerschaften sind keine genauen Zahlen vorhanden, da nicht alle Wirtschaftsunternehmen die Fördersummen veröffentlichen. Tendenziell ist aber ein wachsendes Volumen in allen Sponsoringbereichen zu erkennen.

Dazu gehört auch der Bereich des Sponsorings an Bildungseinrichtungen wie Schulen und Hochschulen. Waren es anfänglich nur die privaten Universitäten wie Witten-Herdecke, die sich um Sponsoren aus der Wirtschaft bemühten, so sind mittlerweile auch viele öffentliche Hochschulen und Schulen auf der Suche nach Sponsoren, der neue Begriff des Bildungssponsorings hat sich etabliert.
Umgekehrt haben auch die Unternehmen die Schulen entdeckt, aus verschiedenen Gründen. Soziales und gesellschaftliches Engagement gehört mittlerweile zum Wirtschaftsfaktor, angesichts des Fachkräftemangels lassen sich so bereits früh Kontakte zu potenziellen späteren Mitarbeitern aufbauen und nicht zuletzt sind sowohl Kinder als auch Eltern potenzielle Kunden.
Auch die Gründe für die Bildungseinrichtungen sind vielfältig. So werden oft Mittel benötigt, für die die Regelfinanzierungen nicht mehr ausreichen wie z.B. ein neue Informatikausstattung oder ein naturwissenschaftliches Kabinett. Ebenso

wünschen sich die Einrichtungen neues Wissen und Beratungsknowhow z.B. aus dem Berufsleben von Industrie- und Wirtschaft, was von den Lehrkräften i.d.R. nicht erbracht werden kann.
Der Einsatz von Sponsoring im Bildungsbereich polarisiert. Die Befürchtungen, Kinder und Jugendliche im geschützten Raum gezielt zu beeinflussen, gehören ebenso dazu wie der Wunsch, Unternehmen eher als Partner von Bildungseinrichtungen zu sehen, die sowohl externes Wissen als auch Mittel in die Bildungseinrichtungen bringen können. Orientierung über den rechtlichen Einsatz von Sponsoring bietet den Schulen die Anwendung des Schulrechtes auf Landesebene wie hier zum Beispiel in Schleswig Holstein.
http://www.gesetze-rechtsprechung.sh.juris.de/jportal/?quelle=jlink&query=SchulG+SH+%C2%A7+29&psml=bsshoprod.psml&max=true

Vereine, Verbände und Träger ohne diese Rechtsbindung können hier weitaus freier agieren. Der Einsatz des Sponsorings sollte sich jedoch auch an ihren eigenen Organisationszielen und dem eigenen Selbstverständnis orientieren, denn es bleibt bei dem Prinzip: Leistung und Gegenleistung.

Um erfolgreich auf Sponsorensuche gehen zu können, muss man wissen, welche Ziele und Strategien der jeweilige Sponsoringpartner verfolgt:
Ziele von Unternehmen lassen sich unterscheiden in ökonomische und nichtökonomische/psychologische Ziele.

Beispiele – nichtökonomische Ziele

- ➔ *Demonstration gesellschaftlicher Verantwortung*
- ➔ *Verbesserung des Bildungsangebotes*
- ➔ *Verbesserung der Öffentlichkeitsarbeit z.B. durch Erwähnung in der Presse*
- ➔ *Vorurteile gegenüber Unternehmen und „der Wirtschaft“ abbauen*
- ➔ *Kontakt und Wissen über später potenzielle Fachkräfte erhalten*
- ➔ *Nähe zur Region gewinnen, Verantwortung für die Region zeigen*
- ➔ *Verbesserung der Mitarbeitermotivation (positives Wirken)*
- ➔ *Aufbau und Pflege eines positiven Images*
- ➔ *nicht genannt werden (auch das gibt es – einfach Gutes tun)*
- ➔ *Etablierung neben bundesweit agierenden Partnern – Drittmittel*

Beispiele - ökonomische Ziele:

- Umsatzsteigerung
- Erhöhung des Marktanteils durch Neukundengewinnung
- Kundenpflege
- Sammeln von Kundeninformationen

Ziele von Vereinen, Verbänden, Organisationen, Bildungseinrichtungen

Beispiele:

- *Erfüllung des jeweiligen Leitbildes bzw. des öffentlichen Bildungs- und Erziehungsauftrages*
- *Erweiterung des Bildungsangebotes, Verbesserung der Qualität der Angebote*
- *Schaffung von Freiräumen für Kultur, Sport, Kunst*
- *Schaffung eines Gegengewichts zum Alltag*
- *Realisierung von Projektideen*
- *Qualität und Quantität des Kulturprogramms erhalten bzw. steigern*

Welche Leistungen kann der Sponsor bieten?

Sponsoring von:

- *Finanziellen Leistungen – Geldmittel, Stipendien, Stiftung von Geldpreisen*
- *Sachleistungen - Büroausstattung, Fahrzeuge, technische Geräte, Möbel, Baustoffen, Kommunikationsmitteln*
- *Dienstleistungen z.B. Grafik und Webdesign, Transport, Catering, Übernachtung – Beratung verschiedenster Art: Projektmanagement, Öffentlichkeitsarbeit, Berufsvorbereitung*

Welche Leistungen kann der Sponsornehmer bieten?

Beispiele:

- *Logoabdruck auf Flyern, Drucksachen, Jahrbüchern*
- *Nennung des Sponsors bei Pressekonferenzen, in Pressemappen*
- *Bereitstellung von Werbeflächen, Präsenz des Logos auf gesponserten Gegenständen*
- *Kleidungswerbung*
- *Nennung des Sponsors auf der Website*

Sponsorensuche

Bevor Sie auf die Suche nach dem passenden Sponsor gehen, erstellen Sie eine Projektskizze.

Diese sollte eine detaillierte Projektbeschreibung enthalten (maximal 2 Seiten). Erläutern Sie dabei die Besonderheiten, die Einmaligkeit, das Neue an Ihrem Projekt. Der Sponsor sollte auch erkennen, ob er der einzige Sponsor ist oder wer weiterhin geplant ist.

Überlegen Sie sich gezielt: Was können wir bieten? Zeigen Sie ihm den möglichen Nutzen auf, wenn er Ihr Projekt unterstützt, Beispiele siehe oben.

Weitere Überlegungen: Welche Mittel oder Leistungen erwarten Sie vom Unternehmen? Wann beginnt das Projekt mit welcher Laufzeit?

Wenn Sie diese Skizze angefertigt haben, dann beginnen Sie mit der Suche nach den potenziellen Sponsoren.

Fangen Sie klein an und suchen Sie erst einmal im nächsten Umfeld durch Umfragen im Verein, der Elternschaft etc. Ein regionaler Bezug ist dabei immer sinnvoll. Daneben ist jeder Mensch mittlerweile Mitglied in mehreren Netzwerken. Vielleicht sind Freunde von Freunden oder frühere Klassenkameraden bei relevanten Unternehmen angestellt? Laden Sie Unternehmen auch ganz gezielt zu Ihren Veranstaltungen ein und machen Sie sich präsent, auch so knüpfen Sie Kontakt.

Danach können Sie Schritt für Schritt auch andere Regionen und international agierende Unternehmen ansprechen. Orientieren Sie sich dabei am Schwerpunkt Ihres Projektes – stärkt Sport, mathematisches Denken oder Medienkompetenz. Viele Unternehmen haben mittlerweile Sponsoringabteilungen, die Sie konkret ansprechen können oder bestehende Projekte, an denen Sie sich beteiligen können. Sie können auch bestehende Netzwerke der Unternehmen nutzen und bei Wirtschaftsstammtischen oder Arbeitskreisen Ihr Projekt vorstellen.

Sinnvoll ist es, wenn Sie sich mehrere mögliche Unternehmen heraussuchen, da Sie auch mit Absagen rechnen müssen. Adressen von möglichen Sponsoren finden Sie in Branchenbüchern, Fachzeitschriften, IHK- Listen, in Messeheften und in diversen Internet-Datenbanken.

Wenn Sie genügend Partner gefunden haben, dann formulieren Sie aus Ihrer Skizze ein Exposé jeweils zugeschnitten auf den möglichen Sponsor. Entwickeln

Sie dabei keine Serienbriefe, jeder Sponsor ist einmalig und hat auch das Recht, entsprechend behandelt zu werden.
Sie haben mehrere Möglichkeiten der Kontaktaufnahme: persönlich, telefonisch, postalisch und über eine Agentur.

Die erfolgreichste Methode dabei ist der persönliche Kontakt.
Sollten bereits Kontakte zum Unternehmen bestehen, nutzen Sie diese.

Vereinbaren Sie einen persönlichen Gesprächstermin und stellen Sie Ihr Projekt vor. Wenn Sie sich mit dem Sponsor einigen können, dann raten wir Ihnen zu einem Sponsoringvertrag.
In diesem sollten alle Leistungen des Sponsors und Gegenleistungen des Gesponserten festgehalten werden, so z.B. in welchem Zeitrahmen das Projekt, die Veranstaltung, durchgeführt werden soll und wie die Mittel und zu welchem Zeitpunkt dem Gesponserten zufließen.

Nach Unterzeichnung des Vertrages beginnt das gemeinsame Sponsoringprojekt. Sehen Sie den Sponsor als Kooperationspartner.

Informieren Sie den Sponsor mit relevanten Informationen zum laufenden Projekt. Achten Sie bei jeder Öffentlichkeitsarbeit auf die Darstellung des Sponsors (wie ggf. vertraglich geregelt).

Beachten Sie: Sponsorengelder sind steuerpflichtig!

Bußgelder

Bußgeldzuweisungen umfassen jährlich ca. 120 Millionen €.
Gemeinnützige Organisationen können Geldauflagen aus Straf- und Ermittlungsverfahren zugesprochen werden. Voraussetzung dafür ist die Eintragung der Organisationen in spezielle Bußgeldlisten bei den Amts- oder Landesgerichten, für die es wiederum gesonderte Antragsformulare gibt.

Wenn ein Verein in die Bußgeldliste aufgenommen werden möchte, sollten folgende Unterlagen an die Präsidenten der Land- und Oberlandesgerichte eingereicht werden:

- *Name, Anschrift und Kontoverbindung des Vereins. Legen Sie nach Möglichkeit Überweisungsbelege mit Angabe des Kontos bei. Ebenso gehören hinein die Satzung des Vereins,*
- *die Kopie des Vereinsregisterauszuges, die Kopie des Freistellungsbescheides des Finanzamtes,*
- *die Selbstdarstellung des Vereins und*
- *vorgedruckte Überweisungsträger mit der Aufschrift „keine Spende“ oder „gerichtliche Auflage“.*

Die für eine Verurteilung zuständigen Richter können frei entscheiden, an welche Organisationen die Verurteilten bezahlen müssen. Da sie unserer Erfahrung nach i.d.R. nur Organisationen benennen, die sie auch kennen, empfehlen wir Ihnen, die in der Region aktiven Strafrichter direkt über Ihre Tätigkeit zu informieren. In den Gerichten kann man meist auch Namensverzeichnisse zuständiger Richter oder Geschäftsverteilungspläne käuflich erwerben.
Teilweise geben die Justizverwaltungen auch die o.g. Informationen zum Verein selbst an die Richter weiter.

Nach zwei Jahren verfällt die Eintragung, wenn man zwischenzeitlich keine Bußgelder erhalten hat. Bußgelder sind keine Spenden, also stellen Sie dafür keine Spendenbescheinigung aus. Es handelt sich vielmehr um Geldzahlungen aufgrund von Geldauflagen, zu denen Privatpersonen oder Unternehmen per Gerichtsbescheid oder durch Übereinkommen mit der Staatsanwaltschaft verpflichtet werden.

Nach dem Erhalt von Bußgeldern informieren Sie sofort die Justizbehörde über den Eingang der Bußgelder (für die Bußgeldverwaltung wird auch spezielle Software angeboten). Oft gibt es ein von der Justiz herausgegebenes Merkblatt für Vereine.

Es gilt, auf diesem Gebiet intensive Lobbyarbeit zu betreiben. Ohne diese kontinuierliche Lobbyarbeit ist eine Zuweisung an einen unbekannten kleinen Verein so gut wie aussichtslos.

Unser Tipp: Pensionierte Rechtsanwälte oder Richter sind ideal als ehrenamtliche Bußgeldbeauftragte einer gemeinnützigen Organisation.

Das Gute am Bußgeldmarketing ist: Jede Organisation, die gemeinnützig ist, kann es nutzen. Bußgelder sind nicht zweckgebunden, sie können dort eingesetzt werden, wo sie gebraucht werden im Sinne der Satzung.

Adressen zur Antragstellung für den Verein, zur Aufnahme in die Gerichtslisten der einzelnen Bundesländer finden Sie in der Adressliste im letzten Kapitel des Buches.

Darlehen, Kredite, Beteiligungen

Darlehen sind für eine gewisse fest definierte Zeit gegen ein Entgelt (Zins) überlassene Geldbeträge, die an eine bestimmte Zweckbestimmung gebunden sind. Sie werden für fast jeden Verwendungszweck ausgereicht und decken unter anderem nachfolgende Bereiche ab:

- ➔ *Existenzgründung*
- ➔ *Existenzfestigung mit folgenden Maßnahmen: Investitionen, Nachfolge, Sanierung, Baumaßnahmen*
- ➔ *Forschung & Entwicklung*
- ➔ *Energie & Umwelt*
- ➔ *Messe & Ausstellungen*
- ➔ *Export*
- ➔ *Kunst & Kultur u.v.m.*

Wo sind Kredite zu beantragen?

KfW
Kreditanstalt für Wiederaufbau

Die KfW bietet aus öffentlichen Mitteln zinsverbilligte Kredite an für Privatpersonen, Unternehmen und öffentliche und gemeinnützige Einrichtungen. Kredite können nicht direkt bei der KfW, sondern nur über die jeweilige Hausbank beantragt werden.

Das Kreditangebot im Detail

Mikrokredite

Mikrokredite mit öffentlicher Unterstützung bis zu ca. 10.000 € bieten verschiedene Einrichtungen an.

Kreditvergaben

Die Kredite werden von der GLS-Bank vergeben. Die Kreditbetreuung – vom Erstgespräch bis zur Rückzahlung – erfolgt durch ein Mikrofinanzinstitut Ihrer Wahl.

Kreditnehmer

Der Mikrokreditfonds hat ein besonderes Interesse an der Finanzierung von kleinen und jungen Unternehmen, die über Hausbanken keine Kredite erhalten. Hierzu zählen insbesondere Unternehmen, die von Frauen oder Menschen mit Migrationshintergrund geführt werden. Betriebe mit hoher Ausbildungsbereitschaft sollen bei der Kreditvergabe besonders berücksichtigt werden.

Im Sinne von „Personalkrediten" ist bei einer Kreditvergabe an eine juristische Person eine Mithaftung des Unternehmers erforderlich.

Zwecke

Finanziert werden ausschließlich unternehmerische Aktivitäten.

Zinsen

Der Zinssatz beträgt 7,5% p.a. und wird fest für die gesamte Laufzeit vereinbart. Sondertilgungen sind jederzeit und kostenlos möglich. Die Auszahlung erfolgt in Höhe von 100 %.

Gebühren/Kosten

Für die Kreditvergabe werden keine Gebühren oder weitere Kosten berechnet. Die folgenden Leistungen stellen Mikrofinanzinstitute den Kreditnehmer im Rahmen der Betreuung kostenfrei zur Verfügung:

- ➔ *Entgegennahme von Kreditanträgen und den erforderlichen Unterlagen*
- ➔ *Empfehlung von Krediten gegenüber der GLS-Bank*
- ➔ *Legitimationsprüfung nach Unterzeichnung von Kreditverträgen*

Verwaltung von Kreditsicherheiten

Laufende Kreditbetreuung bei störungsfreien Rückzahlungen
Einige Mikrofinanzinstitute bieten neben der Kreditvergabe weitere Dienstleistungen an und stellen diese fallweise in Rechnung. Sollte ein Kredit nicht vertragsgemäß bedient werden, kann ein Mikrofinanzinstitut mit Kreditnehmern eine Kostenerstattung vereinbaren.

Laufzeiten
Mikrokredite haben kurze Laufzeiten von wenigen Monaten (zur Vorfinanzierung von Aufträgen und Erstattungen) bis zu maximal drei Jahren (zur Finanzierung von Investitionen).

Kredithöhe
Die Kreditaufnahme soll möglichst in kleinen Schritten erfolgen. Je nach Situation kann der erste Kreditschritt beispielsweise 2.000 € oder 5.000 € betragen. Nach erfolgreichen Rückzahlungen sind Erhöhungen auf bis zu 20.000 € möglich.

Tilgungen
Die Rückzahlung erfolgt in der Regel monatlich. Tilgungsfreie Zeiten werden nicht vereinbart, da durch die Tilgung der laufende Kontakt zu den Kreditnehmern gewährleistet wird. Zur Vorfinanzierung von Aufträgen, Erstattungen und Saisonalgeschäften werden aber auch endfällige Kredite vergeben.

Fördermittel
Die Kombination von Mikrokrediten mit Fördermitteln ist im Rahmen geltender Förderbestimmungen grundsätzlich möglich.
Weitere Dienstleistungen
Die reine Kreditbetreuung ist kostenlos.

Programm zur Förderung der deutschen Wirtschaft (ERP)
Das European Recovery Programm–Darlehen ist ein durchgeleiteter Kredit, der von der Kreditanstalt für Wiederaufbau und von der Deutschen Ausgleichsbank über zwischengeschaltete Kreditinstitute an Endkreditnehmer gewährt wird.

Beteiligungen
Unter dem Begriff Beteiligungskapital (Venture Capital) versteht man die finanzielle Unterstützung für risikoreiche Unternehmensgründungen und Expansionen. Im Unterschied zu Darlehen handelt es sich beim Beteiligungskapital um mithaftendes Kapital, welches ohne die banküblichen Sicherheiten vergeben wird.

Es wird unterschieden in private Beteiligungsgesellschaften und öffentlich geförderte mittelständische Beteiligungsgesellschaften. Bei letzteren können auch kleinere Beteiligungssummen beantragt werden.

Weitere Informationen können Sie beim

Bundesverband Deutscher Kapitalbeteiligungsgesellschaften erhalten.

Web: www.bvk-ev.de

Die eigene Datenbank

Auch wenn sie Ihnen vielleicht anfangs noch etwas unscheinbar und klein vorkommt, sie wird zukünftig Ihr großes Kapital werden für die Planung und langfristige Umsetzung einer Fundraisingstrategie. Sehen sie den Aufbau Ihrer eigenen Datenbank als Ihr wachsendes Kapital, welches Sie für alle Arten des Fundraising benötigen werden. Denn das Wissen um Ihre Partner, mögliche Unterstützer, Freunde sollte in Ihrer Einrichtung, in Ihrem Verein, in Ihrer GmbH usw. nicht nur bei einer Person geparkt werden. Scheidet diese mal aus, stände dieses Wissen nicht mehr zu Ihrer Verfügung, was bis zu einem „Bankrott" oder einem Zusammenbruch der Organisation führen könnte. Da wir das natürlich nicht wollen, beginnen Sie schon von Anfang an, Ihre Daten gut in ein System einzupflegen.
Auf dem Softwaremarkt existiert eine Vielzahl an Fundraising-Software zu unterschiedlichen Preisen. Die einzig wahre Lösung, die für alles passt, gibt es leider nicht. Lassen Sie sich gut beraten und recherchieren Sie auch selber, da es doch erhebliche Preisunterschiede gibt (einmalige Preise für die Software, jährliche Kosten usw.). Achten Sie auch darauf, dass Sie vermutlich an mehreren Computern mit dieser Datenbank arbeiten wollen. Dazu benötigen Sie i.d.R. auch mehrere Lizenzen. Wichtig ist, dass die Software zu Ihren individuellen Wünschen passt.

Wenn Sie beginnen Ihre Datenbank zu füllen, achten Sie gleich von Anfang an auf eine einheitliche Form der Daten, die sie in die Datenbank einarbeiten. So werden Sie perspektivisch bei der Versendung ein professionelles Bild nach außen abgeben können. Pflegen Sie Ihre Datenbank in regelmäßigen Abständen, um zum Beispiel eine Doppelerfassung von Datensätzen zu vermeiden. Es wäre sehr schnell anstrengend für den Adressaten, wenn er von Ihnen ein und dieselbe Mail mehrmals erhält.
Ein weiteres Indiz für eine gut gepflegte Datenbank ist deren Aktualität. Achten Sie bei der Speicherung von Daten in Ihrer Datenbank aber auch immer darauf, dass Datenschutzbestimmungen nicht verletzt werden. Hierbei sollten neben der rechtlichen Frage auch ethische Grundsätze eine große Rolle spielen.

Neben möglichen Spendenmailings können Sie Ihre Datenbank auch zur Versendung eines Newsletters nutzen. Mit diesem halten Sie Ihre Partner, Spender, Förderer unkompliziert auf einem aktuellen Stand, was in Ihrer Einrichtung, Ihrem Verein usw. gerade passiert und mit welchen Projekten Sie sich gerade beschäftigen. Versenden Sie diesen, gut strukturiert und übersichtlich, in regelmäßigen Abständen – also nicht nach dem Motto „Mehr ist Mehr", Sie wollen ja bei keinem das Postfach zum Überlaufen bringen. Sollten dabei Mails zurückkommen, sollten Sie gleich überprüfen, ob dieser konkrete Datensatz noch auf einem aktuellen Stand ist.

Nachbarländer

Österreich

In den letzten 20 Jahren haben das Spendenwesen und das Fundraising in Österreich erheblich an Bedeutung gewonnen. Die Gründung des österreichischen Fundraising-Verbandes FVA 1996 war ein wichtiger Meilenstein in dieser Entwicklung.

Auszug aus dem Spendenbericht des FVA 2013:
„Dieses Jahr wird das Aufkommen voraussichtlich auf 510 Millionen € leicht steigen.

Zu dem positiven Gesamtergebnis haben einmal mehr die neuen Rahmenbedingungen der steuerlichen Absetzbarkeit von Spenden beigetragen. Bereits 660.000 Österreicher nutzen die Absetzbarkeit und jeder vierte Spendeneuro wird in den Steuererklärungen angegeben. Die steuerliche Absetzbarkeit von Spenden ist bei den Spendern angekommen und hat sich massiv auf das Spendenaufkommen der Organisationen ausgewirkt."

Die österreichische Stiftungslandschaft bildet eine Ausnahme in Europa, da die Mehrheit eigen- und nicht gemeinnützig ist. Es fehlt an einer eigenen Stiftungskultur und an politischen Rahmenbedingungen (Steuergesetze und Stiftungsgesetz). Der FVA setzt politisch sich für eine Änderung ein.

Es gibt keine Auflistung aller in Österreich registrierten Stiftungen, sie werden jedoch bei Neugründung oder diversen Änderungen oder Auflösung im Amtsblatt der Wiener Zeitung veröffentlicht. Unter Umständen sind diese Daten bei diversen Verlagsunternehmen auf Anfrage käuflich zu erwerben. Aktuell gibt es ca. 3.500 Privatstiftungen und 650 gemeinnützige Stiftungen.
Etwa die Hälfte aller Privatstiftungen hält sich die Möglichkeit offen (durch einen Passus in der Stiftungszusatzurkunde) sich künftig gemeinnützig betätigen zu können.
In den vergangenen Jahren nahmen die Neugründungen von gemeinnützigen Privatstiftungen langsam, aber kontinuierlich zu.

Bundes und Landesstiftungen sind vorrangig tätig in den Bereichen Bildung und Forschung, sowie soziale Bereiche. Für die Privatstiftungen haben Kunst und Kultur sowie Bildung und Forschung einen hohen Stellenwert.
In Österreich sind bei Privatstiftungen Ausschüttungen unbegrenzt möglich, während bei Bundes und Landesstiftungen nur die jährlichen Erträge ausgeschüttert werden dürfen.

Schweiz

Swissfundraising (ehemals Schweizerischer Fundraising Verband) ist im Bereich „Mittelbeschaffung" für Nonprofit-Organisationen in der Schweiz maßgebend und anerkannt in Europa. Er ist führend in der beruflichen und persönlichen Aus- und Weiterbildung der Fundraiser.
Swissfundraising bildet die Plattform zur Interessenvertretung für Fundraiser und Nonprofit-Organisationen in der Schweiz. Damit wird die stetige Verbesserung politischer und wirtschaftlicher Rahmenbedingungen für das Fundraising angestrebt.

Das Stiftungsrecht der Schweiz gilt weltweit als eines der liberalsten.
Gemeinnützige Vereine und Stiftungen sind in der Regel steuerbefreit. Spenden können wie in Deutschland auch vom zu versteuernden Einkommen abgezogen werden – kantonal verschiedene Ansätze sind hier zu beachten.
Im vergangenen Jahr ist die Anzahl gemeinnütziger Stiftungen in der Schweiz wieder gewachsen und damit auf ein neues Allzeithoch gestiegen. Aktuell sind in der Schweiz über 13.000 Stiftungen mit gemeinnütziger Zwecksetzung im Handelsregister eingetragen. In den letzten Jahren gab es jährlich über 300 Neugründungen von Stiftungen.

Anträge auf Förderung sind bei den jeweiligen Stiftungen in der Schweiz zu stellen.

Alle klassischen Stiftungen unter Bundesaufsicht sind ab dem 1.Juli 2006 im elektronischen Stiftungsverzeichnis eingetragen – gestützt auf das Öffentlichkeitsgesetz BGÖ vom 17. Dezember 2004.

Der Eintrag neuer Stiftungen erfolgt grundsätzlich innerhalb von zwei Tagen nach Erlass der Übernahmeverfügung. Anpassungen des Eintrags (z.B. Adressänderungen, Änderungen im Bemerkungsfeld, Aufnahme von E-Mail und Internetadressen, etc.) sind jederzeit möglich und werden grundsätzlich ebenfalls innerhalb von zwei Tagen nach der Änderungsmeldung erledigt.

Polen

Auch die polnische Stiftungslandschaft wächst in den letzten Jahren stark an. Wurden noch vor 15 Jahren jährlich ca. 200 Stiftungen neu gegründet, gab es zum Beispiel im Jahr 2012 die enorme Anzahl von 1700 Neugründungen. Alle diese Stiftungen verfolgen gemeinnützige Zwecke, privatnützige Stiftungen sind im polnischen Recht bisher unbekannt.

Ein Grund der großen Anzahl von Neugründungen ist vermutlich die Tatsache, dass bei der Errichtung einer Stiftung kein Mindestkapital vorgeschrieben ist. Eine Stiftung, die auch wirtschaftlich arbeiten will, sollte zumindest mit der Summe von mindestens 500 € ausgestattet sein, möglich wäre aber auch eine weitaus geringere Summe bei Gründung. Eine Stiftungsgründung ist in Polen relativ unbürokratisch und geht schneller und einfacher als eine Vereinsgründung. Polnische Stiftungen sind im Gegensatz zu Deutschland nicht auf Ewigkeit ausgerichtet, sie werden aufgelöst, wenn das Stiftungsvermögen aufgebraucht ist oder der Stiftungszweck erfüllt ist. Es gibt in Polen keine Stiftungsaufsicht.
Aktuell existieren in Polen über 13.000 Stiftungen, sehr viele davon sind sehr klein. Zu den größten Stiftungen gehören „Zdążyć z Pomocą" (Rechtzeitig helfen können – eine Kinderhilfsorganisation), Fundacja na rzecz Nauki Polskiej (Förderung von Bildungsprojekten) und Fundacja Ausschwitz-Birkenau (zur Erhaltung und Gedenken des Konzentrationslagers).

Seit 2004 ist es in Polen möglich 1% der Steuerschuld an gemeinnützige Zwecke zu spenden. Aktuell werden aber nur NGO`s bedacht, die eine sehr gute Öffentlichkeitsarbeit haben. Kleinere Organisationen erhalten über die 1% Initiative kaum Unterstützung. Deshalb ist es wichtig, auch mit kleinem Budget mediale

Aufmerksamkeit zu erwirken. Kreativität ist auch hier eine Grundvoraussetzung, um erfolgreich arbeiten zu können.

Eine große Anzahl an Stiftungen ist in Polen über Online Verzeichnissen zu finden.

Adressen

Adressen der Bundesministerien

Bundesministerium für Arbeit und Soziales

Wilhelmstraße 49
10117 Berlin
Postanschrift: 11017 Berlin
Tel: 030 / 18 52 7 - 0
Fax: 030 / 18 52 7 - 18 30
E-Mail: info@bmgs.bund.de

Auswärtiges Amt

Werderscher Markt 1
10117 Berlin
Tel: 030 / 18 17 - 0
Fax: 030 / 18 17 - 34 02
E-Mail: poststelle@auswaertiges-amt.de

Bundesministerium des Innern

Alt-Moabit 101 D
10559 Berlin
Tel: 030 / 18 68 1 - 0
Fax: 030 / 18 68 1 - 29 26
E-Mail: poststelle@bmi.bund.de

Bundesministerium der Justiz und Verbraucherschutz

Mohrenstraße 37
10117 Berlin
Postadresse: 11015 Berlin
Tel: 030 / 18 58 0 - 0
Fax: 030 / 18 58 0 - 95 25
E-Mail: poststelle@bmj.bund.de

Bundesminister der Finanzen

Wilhelmstr. 97
10117 Berlin
Postanschrift: Postfach 272
10107 Berlin
Tel: 030 / 18 68 2 - 0
Fax: 030 / 18 68 2 - 42 48
E-Mail: poststelle@BMF.bund.de

Bundesminister für Wirtschaft und Energie

Scharnhorststraße 34-37
10115 Berlin
Tel: 030 / 18 61 5 - 0
Fax: 030 / 18 61 5 - 70 10
E-Mail: info@bmwi.bund.de

Bundesministerium für Ernährung und Landwirtschaft

Wilhelmstraße 54
10117 Berlin
PA.: 11055 Berlin
Tel: 030 / 18 52 9 - 0
Fax: 030 / 18 52 9 - 31 79
E-Mail: internet@bmvel.bund.de

Bundesministerium der Verteidigung

Stauffenbergstraße 18
10785 Berlin
Tel: 030 / 18 24 - 00 0
Fax: 030 / 18 24 - 53 57
E-Mail: poststelle@bmvg.bund400.de

Bundesministerium für Familie, Senioren, Frauen und Jugend
Glinkastraße 24
10117 Berlin
Tel: 030 / 18 55 5 - 0
Fax: 030 / 18 55 5 - 44 0
E-Mail: poststelle@bmfsfj.de

Bundesminister für Gesundheit
Friedrichstraße 108
10117 Berlin
Postanschrift: 11055 Berlin
Tel: 03018 / 4 41 - 0
Fax: 03018 / 4 41 - 19 21
E-Mail: info@bmg.bund.de

Bundesministerium für wirtschaftliche Zusammenarbeit und Entwicklung
Europahaus Stresemannstraße 94
10963 Berlin
Tel: 030 / 18 53 5 - 0
Fax: 030 / 18 53 5 - 25 95
E-Mail: poststelle@bmz.bund.de

Bundesministerium für Verkehr und digitale Infrastruktur
Invalidenstraße 44
10115 Berlin
Krausenstraße 17-20
10117 Berlin
Tel: 030 / 18 30 0 - 0
Fax: 030 / 18 30 0 - 19 20
E-Mail: buergerinfo@bmvbw.bund.de

Bundesminister für Umwelt, Naturschutz, Bau und Reaktorsicherheit
Stresemannstraße 128
10117 Berlin
Tel: 030 / 18 30 5 - 0
Fax: 030 / 18 30 5 - 43 75
E-Mail: service@bmu.de

Bundesministerium für Bildung und Forschung
Hannoversche Straße 28-30
10115 Berlin
Friedrichstraße 130 B
10117 Berlin
Tel: 030 / 18 57 - 0
Fax: 030 / 18 57 - 83 60 1
E-Mail: bmbf@bmbf.bund.de

Adressen der Parteizentralen

Sozialdemokratische Partei Deutschlands
Willy-Brandt-Haus Berlin
Wilhelmstr. 141
10963 Berlin
SPD-Parteivorstand
Tel.: 030 / 25 99 1 - 50 0
Fax: 030 / 25 99 1 - 50 7
E-Mail: parteivorstand@spd.de
Web: www.spd.de

Christlich-Demokratische Union Deutschlands

Klingelhöferstraße 8
10785 Berlin
Tel: 030 / 22 07 0-0
Fax: 030 / 22 07 0 - 11 1
E-Mail: post@cdu.de
Web: www.cdu.de

Christlich-Soziale-Union

Franz Josef Strauß-Haus
Nymphenburger Str. 64
80335 München
Tel: 089 / 12 43 - 0
Fax: 089 / 12 43 - 29 9
E-Mail: info@csu-bayern.de
Web: www.csu.de

Bündnis'90/DIE GRÜNEN

Platz vor dem Neuen Tor 1
10115 Berlin
Tel: 030 / 28 44 2 - 0
Fax: 030 / 28 44 2 - 21 0
E-Mail: info@gruene.de
Web: www.gruene.de

Die Linke

Kleine Alexanderstraße 28
10178 Berlin
Tel: 030 / 24 00 93 - 01
Fax: 030 / 24 00 92 - 60
E-Mail: info@die-linke.de
Web: www.die-linke.de

Die Liberalen

Reinhardtstraße 14
10117 Berlin
Tel: 030 / 284 95 80
Fax: 030 / 28 49 58 22
E-Mail: fdp-point@fdp.de
Web: www.fdp.de

Piratenpartei

Piratenpartei Deutschland
Pflugstraße 9a
10115 Berlin
Tel: 030 / 34 64 61 9 - 71
Fax: 030 / 60 98 97 - 51 7
E-Mail: geschaeftsstelle@piratenpartei.de
Web: www.piratenpartei.de

AfD

Alternative für Deutschland
Schillerstraße 9
10785 Berlin
Tel: 030 / 26 55 83 7 - 0
E-Mai: bundesgeschaeftsstelle@alternativefuer.de
Web: www.alternativefuer.de

Netzwerke

Aktive Bürgerschaft e.V. Geschäftsstelle

Reinhardtstraße 25
10117 Berlin-Mitte
Tel: 030 / 24 00 08 8 - 0

Fax: 030 / 24 00 08 8 - 9
E-Mail: info@aktive-buergerschaft.de
Web: www.aktive-buergerschaft.de

MitOst e.V.

Alt Moabit e.V.
10559 Berlin
Tel: 030 / 31 51 74 70
Fax: 030 / 31 51 74 71
E-Mail: polok@mitost.org
Web: www.mitost.org

BSFV

Bundesverband der
Schulfördervereine e.V.
Kirschenweg 10/1
72076 Tübingen
Tel: 07071 / 56 54 09 3
Fax: 07071 / 56 54 09 6
E-Mail: bsfv@schulfoerdervereine.de
Web: www.schulfoerdervereine.de

Interessenvertreter

Bundesarbeitsgemeinschaft der Freien Wohlfahrtspflege e.V.

Oranienburger Str. 13 - 14
10178 Berlin
Tel: 030 / 24 08 9 - 0
Fax: 030 / 24 08 9 - 13 4
E-Mail: info@bag-wohlfahrt.de
Web: www.bagfw.de

Deutscher Kulturrat e.V.

Deutscher Kulturrat e.V.
Chausseestraße 103
10115 Berlin
Fax: 030 / 24 72 12 45
E-Mail: post@kulturrat.de
Web: www.kulturrat.de

Deutscher Fundraisingverband e.V.

Chausseestraße 5
10115 Berlin
Tel: 030 / 30 88 31 8 - 00
Fax: 030 / 30 88 31 8 - 05
E-Mail: info@fundraisingverband.de
Web: http://fundraisingverband.de/

Bundesvereinigung Soziokultureller Zentren e.V.

Lehrter Straße 27–30
10557 Berlin
Tel: 030 / 39 74 45 9 - 0
Fax: 030 / 39 74 45 9 - 9
E-Mail: bundesvereinigung@soziokultur.de
Web: www.soziokultur.de

Deutscher Bundesjugendring

Mühlendamm 3
10178 Berlin
Tel: 030 / 40 04 0 - 40 0
Fax: 030 / 40 04 0 - 42 2
E-Mail: info@dbjr.de
Web: www.dbjr.de

BKJ

Bundesvereinigung Kulturelle
Kinder- und Jugendbildung (BKJ) e. V.
Küppelstein 34
42857 Remscheid
Tel: 02191 / 79 4 - 39 0
Fax: 02191 / 79 4 - 38 9
E-Mail: info@bkj.de
Web: www.bkj.de

VdM

Verband deutscher Musikschulen e.V.
Plittersdorfer Str. 93
53173 Bonn
Tel: 0228 / 95 70 6 - 0
Fax: 0228 / 95 70 6 - 33
E-Mai: vdm@musikschulen.de
Web: www.musikschulen.de

Kulturpolitische Gesellschaft e.V.

Weberstr. 59a
53113 Bonn
Tel: 0228 / 20 16 7 - 0
Fax: 0228 /20 16 7 - 33
E-Mail: post@kupoge.de
Web: www.kupoge.de

Adressen Bußgeldmarketing

***Baden Württemberg/
Region Baden-Baden***

Staatsanwaltschaft Baden-Baden
Gutenbergstraße 13
76532 Baden-Baden

***Baden Württemberg/
Region Karlsruhe***

Oberlandesgericht Karlsruhe
Hoffstraße 10
76133 Karlsruhe

Bayern/Region Bamberg

Oberlandesgericht Bamberg
Wilhelmsplatz 1
96047 Bamberg

Bayern/Region München

Oberlandesgericht München
Nymphenburger Straße 16
80097 München

Bayern / Region Nürnberg

Oberlandesgericht Nürnberg
Fürther Straße 110
90429 Nürnberg

***Berlin
Der Präsident des Amts-
gerichtes Tiergarten***

Team A
Turmstraße 91
10559 Berlin
http://www.berlin.de/sen/justiz/
gerichte/kg/service-fuer-sie/
sammelfond/antrag.php

Brandenburg

Brandenburgisches Oberlandesgericht
Gertrud-Piter-Platz 11
14770 Brandenburg

Bremen

Generalstaatsanwaltschaft Bremen
Richtweg 16-22
28195 Bremen
http://www.generalstaatsanwaltschaft.bremen.de/sixcms/detail.php?gsid=bremen02.c.736.de

---

Hamburg

Behörde für Justiz und Gleichstellung
Justizverwaltungsamt
Sammelfonds für Bußgelder
Postfach 302822
20310 Hamburg

Hessen

Oberlandesgericht
Frankfurt am Main
Zeil 42
60313 Frankfurt am Main
www.olg-frankfurt.justiz.hessen.de

Mecklenburg-Vorpommern

Oberlandesgericht Rostock
Wallstraße 3
18055 Rostock

Niedersachsen

Oberlandesgericht Oldenburg
Richard-Wagner-Platz 1
26135 Oldenburg
http://www.oberlandesgericht-oldenburg.niedersachsen.de/download/46113/Merkblatt_und_Antraege_zum_Verzeichnis_der_gemeinnuetzigen_Einchrichtungen.pdf

---

NRW

Generalstaatsanwaltschaft Düsseldorf
Zentralstelle Geldauflagen
Sternwartstraße 31
40223 Düsseldorf
www.justiz.nrw.de

Rheinland-Pfalz/Region Koblenz

Oberlandesgericht Koblenz
Stresemannstraße 1
56068 Koblenz

Rheinland Pfalz/Region Zweibrücken

Pfälzisches Oberlandesgericht
Schloßplatz 7
66482 Zweibrücken

Saarland

An den Präsidenten des
Landesgerichtes Saarbrücken
Verzeichnis gemeinnützige
Einrichtungen
Postfach 101552

66015 Saarbrücken
Sachsen Anhalt
Oberlandesgericht Naumburg
Domplatz 10
06618 Naumburg

Sachsen

Oberlandesgericht Dresden
Schloßplatz 1
01067 Dresden

Schleswig-Holstein

Schleswig-Holsteinisches
Oberlandesgericht
Gottorfstraße 2
24873 Schleswig

Thüringen

Thüringer Oberlandesgericht
Rathausstraße 13
07745 Jena
http://www.thueringen.de/imperia/md/content/olg/merkblaetter/anmeldung_gemv.pdf

---

Links

Beschäftigungsförderung/ Bildungsgutschein

www.arbeitsagentur.de/

Bilaterale Förderung

Deutsch-Tschechischer Zukunftsfonds

www.fondbudoucnosti.cz/Default.aspx?lang=DE

Stiftung deutsch-israelisches Zukunftsforum

www.dizf.de/deutsch/frderung/index.html

Bildung

www.na-bibb.de

http://ec.europa.eu/education/index_de.htm

www.bmbf.de/de/6880.php

Europäische Union

http://europa.eu/

EU-Förderprogramme

Erasmus für Jungunternehmer

www.erasmus-entrepreneurs.eu/index.php?lan=de

Europa für Bürgerinnen und Bürger

http://eacea.ec.europa.eu/europa-fur-burgerinnen-und-burger_de

Programme für die Zusammenarbeit mit Drittländern

http://ec.europa.eu/europeaid/index_de.htm

Erasmus+

http://eacea.ec.europa.eu/erasmus-plus_en

Europäischer Fonds für regionale Entwicklung

www.eu-info.de/foerderprogramme/strukturfonds/EFRE/

Europäischer Sozialfonds

www.esf.de/portal/generator/8/startseite.html

Europäischer Landwirtschaftsfonds

http://ec.europa.eu/agriculture/rural-development-2014-2020/index_de.htm

Horizont 2020
http://ec.europa.eu/programmes/horizon2020/en/what-horizon-2020
Kreatives Europa
www.ccp-deutschland.de/
http://ec.europa.eu/culture/
Life
www.euroconsults.eu/foerdernews/8701-life-das-neue-foerderprogramm-2014-2020.html
Film
www.bundesregierung.de/Webs/Breg/DE/Bundesregierung/BeauftragtefuerKulturundMedien/beauftragte-fuer-kultur-und-medien.html

Fundraising

www.fundraisingverband.de/
www.foerderratgeber.de

Internationale Jugendarbeit

www.dija.de
www.europeans-for-peace.de/de/
Deutsch–Französisches Jugendwerk
www.dfjw.org/
Deutsch-Polnisches Jugendwerk
www.dpjw.org/
Europa macht Schule
www.europamachtschule.de/
Deutsch – Israelischer Jugendaustausch
www.conact-org.de/
Deutsch-Japanischer Jugendaustausch
www.deutsche-kultur-international.de/?id=1565

Jugend

www.vda-jugendaustausch.de/
www.aja-org.de/
https://www.jugendfuereuropa.de/

www.goethe.de/
http://landesjugendring.de/

Kredite
www.kfw-foerderbank.de/
www.ibb.de/desktopdefault.aspx/tabid-5/
www.gls.de/

Kultur
www.buendnisse-fuer-bildung.de/

Sponsoring
www.nonprofit.de/fundraising-sponsoring/
www.esb-online.com/

Stiftungen
www.stiftungen.org

Stipendien
Friedrich-Ebert-Stiftung
www.fes.de/
Heinrich-Böll-Stiftung
www.boell.de/
Konrad-Adenauer-Stiftung
www.kas.de/
Rosa-Luxemburg-Stiftung
www.rosalux.de/
Hanns-Seidel-Stiftung
www.hss.de/
Studienstiftung des deutschen Volkes
www.studienstiftung.de
Kirchliche Begabtenförderung
www.cusanuswerk.de/
www.evstudienwerk.de/

Für ausländische Studenten

www.obs-ev.de

Spenden

www.betterplace.org/de/

www.schulengel.de/

www.spendenideen.de/

www.bildungsspender.de/

Wettbewerbe und Kulturpreise

www.kulturpreise.de/web/index.php

Wirtschaftsaustausch

www.baltic-sea-forum.org

http://www.icc-deutschland.de/

Stimmen aus der Praxis und Feedbacks

Friedhelm Peiffer,
Bereichsleiter Förderung
„Aktion Mensch“

„Wir sind beeindruckt von der Motivation und dem Engagement, dem wir tagtäglich begegnen dürfen. Dabei sehen wir uns als Ermöglicher. Wir wollen Initiative auslösen, begleiten und unterstützen. Wichtig ist, dass die Antragsteller uns mitnehmen. Es reicht nicht aus, zu sagen: Wir brauchen einen Bus. Schildern Sie uns das Ziel Ihrer Arbeit und wie Sie dieses Ziel erreichen wollen. Wir wollen uns das Projekt dahinter vorstellen können, auch wenn wir weit weg an einem Schreibtisch sitzen. Nur dann können wir eine Förderentscheidung treffen.“

Isabel Korch,
Gründerin von „schulengel.de“
und „spendenideen.de“

„Besonders gut gefällt mir am Förderratgeber, dass er einen detaillierten und fundierten Überblick über viele verschiedene Finanzierungsmöglichkeiten gibt. Durch meine eigene Arbeit im Bildungsbereich weiß ich, dass es für viele Vereine eine große Herausforderung ist, sich zwischen vielen Finanzierungsinstrumenten zurechtzufinden und sich entschei-

den zu müssen. Der Förderratgeber macht diese Fülle an Informationen verständlich und ermöglicht ganz praktische Orientierung. Vielen Dank für die Kooperation."

Birgit Sinapius,
Schulsozialarbeit Stötznerschule
Berlin Reinickendorf

„Man merkt, dass die Förderratgeber schon viele eigene Projekte auf die Beine gestellt haben. Anschaulich und praktisch werden die einzelnen Schritte und auch Hürden der Antragstellung erklärt. Dank ihrer Hilfe wurde aus unserer Idee einer kleinen Schulrockband ein großes Projekt. Wir sind gestärkt und ermutigt, neue Vorhaben anzugehen und vor allem auch zu finanzieren. Vielen Dank!"

Chris Berghäuser,
Leiter der Musikschule „Béla Bartók",
Berlin-Pankow

„Als kommunale und somit öffentlich geförderte Musikschule stehen wir immer vor der Herausforderung, mit begrenzten und stets zu knappen Haushaltsmitteln möglichst viele Menschen zu erreichen und dabei einen höchstmöglichen Anspruch an musikalischer Bildungsqualität zu bieten.

Dazu stellt die sich entwickelnde und verändernde Gesellschaft auch neue Aufgaben an die kulturelle und musikalische Bildung. Noch vor 15Jahren richtete sich das Angebot der Pankower Musikschule hauptsächlich an Kinder und Jugendliche, die durch ihre interessierten Eltern angemeldet wurden. Heute nehmen Kooperationen mit anderen Bildungseinrichtungen und Projektarbeit einen großen Anteil der Musikschularbeit ein. Dabei wird die Finanzierung oft zuerst auf die Eltern und den Privatsektor abgewälzt. Das jedoch errichtet Hürden und führt zur Ausgrenzung ganzer Bevölkerungsschichten.
Die Suche nach zusätzlichen Mitteln außerhalb der bezirklichen Finanzierung ist deshalb eine Notwendigkeit geworden. Erfreulicherweise gibt es viele Töpfe in Europa und manchmal direkt vor der Haustür, die für Projekte der kulturellen Bildung eingesetzt werden können. Diese Mittel jedoch zu finden und adäquat abzurufen, erweist sich allzu oft als großes Hindernis.
Der Förderratgeber hat uns hierbei schon sehr geholfen. Und nicht nur dabei, die vielen Möglichkeiten der Förderung zu entdecken, sondern auch dabei, abzuschätzen, an welcher Stelle der nicht zu unterschätzende Aufwand der Antragstellung sinnvoll ist, welche Grundvoraussetzungen vor dem Start erfüllt sein müssen und an welcher Stelle eher die Kraft in andere Bereiche gelenkt werden sollte.“

Ines Göbel u. Antje Schröder, aus dem Jugendkulturzentrum „Gladhouse Cottbus“

„Die Förderratgeber haben uns Wissen vermittelt und unsren Enthusiasmus angestachelt. Dank ihrer Schulung und Insidertipps konnten wir die Hürden der Antragsstellung nehmen und gleich beim ersten Anlauf eine Förderzusage erhalten. In unserem Projekt ‚Bücherkinder‘ schreiben Grundschulkinder jetzt im Laufe eines Schuljahres eigene Texte, die auch in einem qualitativ anspruchsvollen Buch veröffentlicht werden können. Das ist ein wichtiges und wertschätzendes Ergebnis gerade für die Kinder. Vielen Dank!“

Rainer Hauck, „Verkehrsclub Deutschland“ (VCD)

„Durch meine Tätigkeit bin ich mit dem Umgang mit öffentlichen Fördermitteln im ökologischen Bereich vertraut. Die Förderratgeber vermittelten mir interessante

Informationen zu alternativen Möglichkeiten, insbesondere die stiftungsbasierten Fördermöglichkeiten waren neu für mich. Ergänzend liefern sie wichtige Ratschläge, wie die eigenen Pläne und die Förderkriterien so sinnvoll wie möglich zusammengebracht werden können. Eine effiziente und anregende Schulung.“

Inken Mungard, Lehrerin für Lebenskunde Friedrichshagener Grundschule Berlin

„Die Förderratgeber haben mir Mut gemacht und praktische Hinweise gegeben, um Projekte in die Schule zu bringen, die sonst nicht stattfinden würden, weil wir sie nicht finanzieren können. Konkret und praxisnah wurde mir ein Leitfaden an die Hand gegeben, der mit den eigenen Ideen gefüllt werden kann. Es hat Spaß gemacht, an der eigenen Projektidee zu arbeiten und war durch die Förderung von Aktion Mensch für meine Schule und mich sehr erfolgreich! Das Projekt ‚Hoch die Beete, Yes we can! Ein Kinderkulturgarten entsteht!‘ ist zwar abgeschlossen, doch wir arbeiten weiter sehr motiviert in unserem Garten und werden sich auch neue Ideen entwickeln.“

Hella Sobottka,
Senatsverwaltung für Bildung, Jugend und Wissenschaft
Berlin, Regionale Fortbildung Reinickendorf

„Die beiden Fortbildner Sabine und Gerhard Schwab schaffen es während der Veranstaltung nicht nur, Wissenswertes gut verständlich und anschaulich an die Teilnehmenden weiterzugeben sondern stellen auch eine angenehme Arbeitsatmosphäre her, in der sich alle wohlfühlen und das ‚Lernen‘ Spaß macht. Am Ende stehen gut informierte und begeisterte Teilnehmer, die ihre Projekte erfahrungsgemäß mit Schwung erfolgreich weiterführen.“